MOSAIK WERKSTATT TIPS

PORZELLAN
reparieren

Jeff Oliver

Mosaik Verlag

Die Originalausgabe erschien unter dem Titel *Repairing Old China and Ceramic Tiles* in der Reihe *Craftman's Guides* bei Ebury Press, London.
Planung und Produktion: Swallow Publishing Ltd., London
Redaktion der englischen Ausgabe: Anne Yelland
Redaktionsassistenz: Victoria Keller
Art Director: Glynis Edwards
Designer: Sylvia Tate
Illustratoren: Hussein Hussein, Aziz Khan, Coral Mula, Stuart Perry, Rob Shone
Fotos: Jon Bouchier
Studio: Del & Co
Bildrecherche: Liz Edison
Alle Informationen und Ratschläge in diesem Buch werden mit bestem Wissen und Gewissen gegeben, aber weder der Autor noch Verlag können die Verantwortung für eventuelle Fehler oder Auslassungen übernehmen.

Aus dem Englischen übersetzt von Schamma Schahadat
Redaktion der deutschen Ausgabe:
Dr. Dieter Struss, Grafing bei München

Inhalt

Einleitung

Altes Porzellan und alte Keramik sind häufig schon aufgrund ihres zerbrechlichen Materials leicht beschädigt. Wie schnell zerschlägt man seine Lieblingsstücke oder zerbricht sie! Fehlt einer Figur eine Hand oder hat eine Schale einen häßlichen, farblosen Splitter, so lenkt das stark von der Schönheit und Perfektion ab. Schon eine ganz einfache Reparatur kann außerordentlich wirkungsvoll sein und ist der Mühe wert.

Dieses Buch ist für alle gedacht, die die grundlegenden Techniken der Reparatur von Keramik lernen wollen. Es ist von Nutzen für den Sammler von Antiquitäten, der in seiner Sammlung angeschlagene Stücke hat und diese in ihrer ursprünglichen Schönheit sehen will, und für den ernsthaft Interessierten, der das Restaurieren auf einem hohen Niveau erlernen möchte. Obwohl jede Beschädigung anders ist, sind alle möglichen Reparaturen in diesem Buch an verschiedenen Beispielen dargestellt. Die Techniken professioneller Restauratoren werden so erklärt, daß auch der Laie sie versteht.

Jedes Handwerk braucht seine Zeit; mit Geduld können Sie Fehler vermeiden und zufriedenstellende Resultate erreichen. Sie können nicht erwarten, eine Reparatur in einer Sitzung fertigzustellen. Selbst für die einfachste Reparatur sind verschiedene Arbeitsgänge nötig. Es kann vorkommen, daß ein Teil für einige Stunden oder über Nacht eingeweicht, daß es trocknen oder fest werden muß, bevor Sie weiterarbeiten können. Am besten bearbeiten Sie mehrere zerbrochene Gegenstände gleichzeitig, so daß Sie, während ein Teil ruht, an einem anderen arbeiten können.

Das Restaurieren von Porzellan ist kein teures Hobby; Sie werden viele benötigte Gegenstände in Ihrer Küche oder in Ihrem Werkzeugkasten finden. Die einzigen teuren Teile sind eine Spritzpistole und ein Kompressor, doch beides ist nicht unbedingt notwendig. Sie können sich zwar einen speziellen Arbeitsraum einrichten, doch ist das keinesfalls nötig. Defektes antikes Porzellan ist leicht zu finden, und oft ist es erstaunlich preiswert. Manchmal kann die Anwendung einiger einfacher Techniken, wie das Entfernen eines Flecks oder einer Füllung den Wert eines Stückes erhöhen, oder es wird zumindest sehr viel ansehnlicher.

Wie bei jeder kunstfertigen Arbeit gilt auch hier, daß Sie zu Beginn nicht zu ehrgeizig sein sollten. Beginnen Sie mit einigen einfachen Reparaturen, lernen Sie z. B. die Grundtechniken des Klebens an einem Teil mit ein oder zwei Brüchen. Restaurieren Sie ein paar Splitter an den Rändern einer Schale oder einer Vase, bevor Sie kompliziertere Aufgaben in Angriff nehmen, wie das Ersetzen fehlender Teile und kunstvolles Modellieren.

Die Grundtechniken zum Reparieren von Porzellan sind einfach zu lernen, und schon die Anwendung einiger einfacher Techniken kann eine Sammlung wesentlich verschönern.

Werkzeug und Material

Werkzeuge und Material finden Sie bei einem Eisenwarenhändler oder beim Heimwerkerbedarf, beim Künstlerbedarf und/oder beim Bastelbedarf, bei guten Spielwarenhändlern (vor allem bei denen, die sich auf Modellbau spezialisieren) oder in speziellen Modellbauläden, in einer Apotheke und schließlich beim Autozubehörfachhandel. Es lohnt sich auch, sich in Kaufhäusern mit guten Spielwarenabteilungen umzusehen.

Viele Geschäfte sind bereit, nicht vorrätiges Material in kleineren Mengen zu bestellen. Sie sollten sich die Kataloge durchsehen. Auch Apotheken bestellen gewöhnlich Dinge, die sie nicht auf Lager haben. Als allgemeine Regel gilt: kaufen Sie die kleinste Menge, die es gibt.

Der Arbeitsplatz

Sie brauchen einen Tisch (oder eine Bank), einen Stuhl, gutes Licht und einen gut belüfteten Raum. Viele Lösungsmittel sind leicht entzündlich – rauchen Sie nicht und vermeiden Sie offene Flammen in Ihrem Arbeitsraum. Gut wäre eine Arbeitsfläche aus Resopal. Wenn Sie Ihren Küchentisch benutzen, legen Sie ein Brett oder etwas Zeitungspapier und ein oder zwei Schichten Papiertücher darauf, die Sie am Tisch festkleben. Werfen sie die Papiertücher nach Gebrauch weg.

Allgemeines

Dieser Abschnitt stellt allgemein verwendbares Material und Werkzeug vor.

Eine **Schürze** schützt Ihre Kleidung, und wenn Sie etwas fallenlassen, fängt sie das Teil in Ihrem Schoß auf.

Mit einer **Pipette** können Sie Aceton, Lack, Farbverdünner usw. tropfenweise auftragen.

Es ist handlicher, wenn Sie große Mengen von Füllpulver, Flüssigkeiten usw. in **kleine Gläser mit Deckeln** füllen. Verwenden Sie keine Plastikbehälter, die sich in Aceton oder Farbverdünner auflösen. Je mehr Gläser, desto besser. Fragen Sie in der Apotheke nach.

Auf einer oder besser mehreren **weißen Kacheln** können Sie Füllmassen und Farben mischen.

Vaseline brauchen Sie als Trennmittel.

Ein **Backofen** oder ein Tellerwärmer sind für verschiedene Arbeiten nützlich, aber nur notwendig, wenn Sie Emaileglasur verwenden (s. S. 54/55). Am besten eignet sich ein elektrischer Ofen. Erhitzen Sie Porzellan nie auf mehr als 120°C.

Aceton ist das beste und das am einfachsten erhältliche Lösungs- und Reinigungsmittel für Porzellan. Se können damit z.B. Klebstoff abwischen, bevor er trocknet. Als Lösungsmittel eignen sich auch Farbverdünner.

Zum Reinigen werden **weiches Toilettenpapier** und **kleine Baumwolläppchen** verwendet. Achten Sie darauf, daß die Läppchen aus Baumwolle sind. Kunststoff kann sich in Aceton auflösen.

Ein **Skalpell** (oder ein **scharfes Messer**) ist wichtig, am besten mit einer gebogenen Klinge Nr. 15. Kaufen Sie sich als nächstes eine Klinge Nr. 11. Bei mehr als einer Klinge sollten Sie für jede Klinge einen eigenen Griff benutzen.

Außerdem brauchen Sie noch **Scheren** und **Pinzetten.**

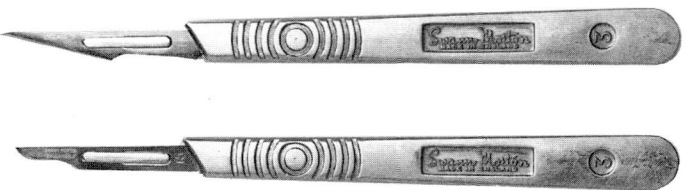

Klebefugen lösen

Tupfen Sie mit einem alten Pinsel wasserlöslichen Farbentferner auf, um alten Klebstoff zu lösen.

Wasserlöslicher Farbentferner löst alten Klebstoff am besten, doch seien Sie vorsichtig. Farbentferner an Ihrer Haut waschen Sie sofort mit kaltem, nicht mit heißem Wasser ab. Lassen sie *niemals* heißes Wasser an Keramik kommen, auf die Farbentferner aufgetragen wurde, weil sonst schädliche Dämpfe entstehen.

Tragen Sie Farbentferner mit einem **alten steifen Pinsel** auf.

Säubern und Entfernen von Flecken

Geschirrspülmittel ist das Standardmittel zum Reinigen. Mit Ausnahme von Steingut (s. S. 70 – 75) sollten alle Teile, besonders die Bruchränder, gründlich mit Geschirrspülmittel und mit warmem Wasser gewaschen werden. Reinigen Sie die Teile, nachdem Sie sie auseinandergenommen haben (falls alte Klebefugen gelöst werden müssen), und bevor Sie sie kleben. Danach gründlich abspülen.

Mit einer **Zahnbürste** können Sie Bruchränder und schwer zugängliche Stellen waschen und reinigen.

Es ist sicherer, die Teile in einer **Plastikschüssel** oder einem **Plastikeimer** einzuweichen als in einem Waschbecken.

Wasserenthärter wird in Pulverform verkauft. Es ist *nicht* dasselbe wie Weichspüler.

Ein **biologisches Reinigungsmittel.**

Konzentrierte Wasserstoffperoxydlösung beseitigt hartnäckige Flecken (s. S. 18/19). Kaufen Sie wirklich konzentrierte Lösung in der Apotheke.

Saugfähige Watte (Verbandwatte)

Kleben

Langsam härtender Epoxydharzkleber ist der grundlegende und der beste Klebstoff zum Restaurieren von Porzellan. Er wird fast überall verkauft und von verschiedenen Firmen angeboten. Er ist ein Zweikomponentenkleber, der aus *Härter* und *Harz* besteht, die zu gleichen Teilen vermischt werden. Achten Sie darauf, daß die Komponenten vor dem Gebrauch gründlich vermischt werden. Die Mischung kann mindestens eine Stunde lang verwendet werden; sie wird nach 24 Stunden hart, obwohl sie erst nach mehreren Tagen richtig aushärtet. Langsam härtendes Epoxydharz wird auch als Grundlage für die Füllmasse verwendet.

Einige Menschen sind allergisch gegen Epoxydharz, achten Sie darauf, daß er nicht an Ihre Haut kommt.

Schnell härtendes Epoxydharz ist nicht so stark wie das langsam härtende, doch kann es sehr nützlich sein (s. S 14/15).

Polyvinylacetat (PVA) oder **Holzkleber** wird zum Kleben von Steingut verwendet.

Mit einem **Manikürstäbchen** oder einem ähnlichen Instrument können Sie Klebstoffe und Füllungen mischen und auftragen. Manikürstäbchen gibt es abgepackt in der Drogerie. Reinigen Sie sie in Aceton, bevor der Kleber trocknet.

Ein **Palettenmesser** hält lange und ist vielseitig verwendbar, oder Sie benutzen ein anderes kleines Modellierwerkzeug mit einem dünnen, flexiblen Metallende. Klebstoff kann auch mit einem Skalpell mit der Klinge Nr. 15 aufgetragen werden.

Klebstoff vermischen Sie nicht auf Ihrer Kachel, sondern auf **dünner weißer Pappe** oder auf weißem Zeichenpapier, das Sie danach wegwerfen. So ersparen Sie sich das Säubern der Kachel. Heben Sie zu diesem Zweck die Rückseiten alter Glückwunschkarten auf.

Eine **Rasierklinge**

Füllen und Modellieren

Langsam härtendes Epoxydharz wird als Grundlage für die Füllmasse verwendet (s. S. 8/9 und 30/31).

Fertiger Epoxydharzkitt ist praktischer als selbstgemachter, vor allem zum Modellieren. Er trocknet etwas schneller als selbstgemachte Füllmasse, was häufig von Vorteil ist. Sie bekommen ihn im Künstlerbedarf, beim Heimwerkerbedarf oder in Modellbauläden. Auf S. 30/31 finden Sie weitere Details.

Titandioxyd ist ein starkes weißes Pigment, das beim Künstlerbedarf verkauft wird.

Kaolin oder **feine Zahnfüllmasse** gibt der Füllmasse Substanz. Kaolinpulver ist einfacher zu bekommen als feine Zahnfüllmasse (in der Apotheke), doch haben beide die gleiche Wirkung.

Zellulosefüllmasse ist eine geeignetere Füllmasse für Ton, Terrakotta und andere niedrig gebrannte Keramik. Sie finden sie in Eisenwaren- oder Heimwerkergeschäften, wo sie als Füllmasse für kleinere Löcher in der Wand verkauft wird.

Feine Oberflächenfüllmasse brauchen Sie, um winzige Löcher zu füllen. Sie finden sie dort, wo auch Zellulosefüllmasse verkauft wird, oder Sie können sie aus Epoxydharz, Titandioxyd und Talkumpuder selbst herstellen.

Talkumpuder kann zur Herstellung von feiner Oberflächenfüllmasse mit Epoxydharz vermischt werden (s. o.).

Stechzirkel oder **Greifzirkel** sind sehr praktisch, um bei Modellieren Größen zu vergleichen oder um Abstände zwischen sich wiederholenden Mustern auszumessen.

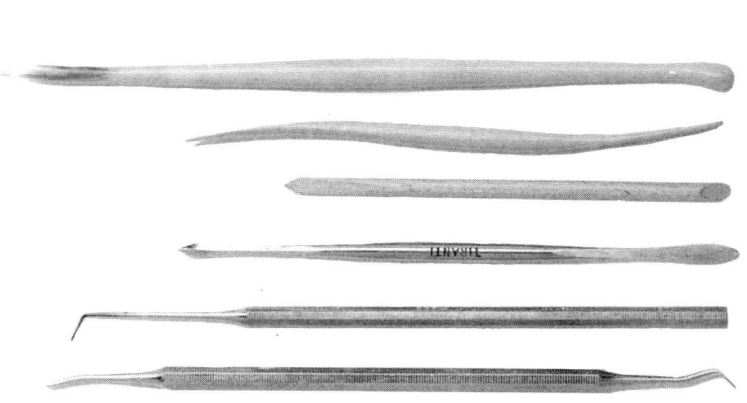

Sie brauchen **Modellierwerkzeug.** Ein Spatel mit einem feinen, flexiblen Metallende ist wohl das praktischste Allround-Werkzeug. Sie können auch ein Palettenmesser, kleine Werkzeuge aus Buchsbaum, Manikürstäbchen, hölzerne Cocktailspieße, Skalpelle, Zahnarztsonden usw. benutzen.

Abschmirgeln

Nagelfeilen gibt es in den verschiedensten Formen. Abgerundete Feilen sind am praktischsten.

Schmirgelpapier gehört zur Grundausstattung. Die folgenden Sorten sollten für die meisten Bedürfnisse ausreichen.

Sie brauchen grobes oder verhältnismäßig grobes Schmirgelpapier (Flint-Papier), doch achten Sie darauf, daß Sie die Originalglasur des Porzellans damit nicht ankratzen. Mittleres Schmirgelpapier ist wahrscheinlich am nützlichsten. Karborundpapier ist ein feines Schmirgelpapier für die Oberfläche.

Silikonkarbidpapier naß oder trocken (Körnung 1200) bekommt man in Autozubehörläden. Es wird zum Feinschleifen verwendet, besonders zwischen Farb- und Lackschichten.

Gußformen

Latexemulsion wird gewöhnlich als Textilkleber verkauft. Es ist gutes, leicht erhältliches Material, aus dem Gußformen hergestellt werden (s. S. 44–47).

Feines Sägemehl brauchen Sie, um Gußformen zu verstärken. Latex wird mit **Wattestäbchen** aufgetragen.

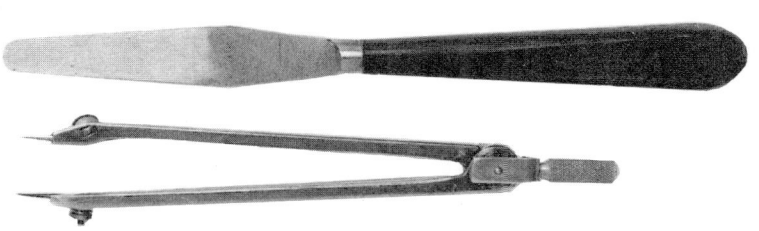

Ein Palettenmesser, ein kleiner Metallspatel, Manikürstäbchen und ein Skalpell sind das grundlegende Werkzeug aus Metall oder aus Holz, nicht aus Plastik, das sich in einigen Lösungsmitteln auflöst.

Färben und Bemalen

Trockene, feine Künstlerfarbpigmente sind sehr intensiv; kaufen Sie deshalb die kleinste Menge, die Sie bekommen. Sie werden häufig in kleinen Glasröhrchen verkauft. Auf S. 52/53 finden Sie eine Liste der benötigten Farben. Es sind *nicht* die Farben aus Ihrem Schul-Malkasten.

Fertige Farben sind eine bequeme Alternative zu Trockenpigmenten, oder Sie können sich beides zulegen. Am gebräuchlichsten sind Farben für den Flugzeugmodellbau, aber vielleicht finden Sie bei einem guten Künstlerbedarf oder in einem Bastelgeschäft ein Set für Porzellan- oder Glasmalerei.

Lacke werden auf S. 54/55 beschrieben.

Verdünner brauchen Sie, um Lacke und Farben zu verdünnen. Auch können Sie sie an Stelle von Aceton zum Reinigen verwenden.

In **kleinen Metallschalen,** die es beim Künstler- oder Bastelbedarf gibt, können Sie Farben mischen.

Auf einer **schwarzen Kachel** können Sie das Malen mit weißer Farbe und Hintergrundmalen üben.

Mit einem **alten, relativ weichen Pinsel** (ungefähr Größe 6) können Sie Farben auf der Kachel oder in den Metallschälchen mischen.

Sie sollten **hochqualitative Marderhaarpinsel** zum Bemalen verwenden. Billigere Pinsel halten nicht so lange und verlieren schnell Haare. Passen Sie gut darauf auf, denn sie sind sowohl empfindlich als auch teuer. Für den Anfang sind Nr. 00 für feine Verzierungen und Nr. 2 am nützlichsten.

Mit einem **harten Bleistift** können Sie komplizierte Muster vorzeichnen.

Talkumpuder können Sie der Farbe oder dem Lack zufügen, um einen matten Effekt zu erzielen. Bimsstein oder Schmirgelpulver haben einen rauhen, grobkörnigen Effekt.

Gold und Glanz

Fertige Gold-, Silber- und **Kupferfarben** bekommen Sie beim Künstlerbedarf.

Bronzepulver ist eine Alternative zur fertigen Farbe. Es bewirkt eine etwas schönere Oberfläche und ist vielseitig verwendbar. Es gibt auch Silber- und Kupferpulver zu kaufen.

Mit einem **weichen Lappen** können Sie polieren.

Fertige Goldfarben und Bronzepulver eignen sich im allgemeinen vor allem für asiatisches Porzellan; benutzen Sie für eine glänzendere Oberfläche abziehbares Blattgold.

Blattgold und Blattsilber

Abziehbares Blattgold wird auf S. 68/69 beschrieben.

Blattgoldimitation zum Abziehen ist viel billiger als echtes Blattgold und für viele Arbeiten ist es genauso gut, wenn nicht sogar besser.

Blattsilber wird genauso aufgetragen wie Blattgold, aber wenn Sie es nicht lackieren, läuft es relativ schnell an.

Ein **Polierstab aus Achat**

Bemalen für Fortgeschrittene

Die **Spritzpistole** wird ausführlich auf S. 66/67 beschrieben.

Ein **Kompressor** führt verdichtete Luft in die Spritzpistole.

Sie sollten eine **Schutzmaske** tragen, wenn Sie eine Spritzpistole verwenden.

Klebeband verhindert, daß Sie mehr Fläche besprühen, als Ihnen lieb ist. Ein leicht lösbares Band ist am besten.

Stützen

Bevor Sie mit dem Kleben beginnen, müssen Sie bedenken, daß die Teile gestützt und zusammengehalten werden müssen. Mit Tesafilm und einem Druckverband können Sie einfache Brüche zusammenhalten und sichern, während der Klebstoff trocknet. Doch sind sie nicht geeignet, wenn Sie kleine oder komplizierte Teile kleben, z. B. von einer Zierfigur.

Viele Amateure lösen das Problem, indem sie schnellwirkende Klebstoffe verwenden, wobei der extremste der »Sekundenkleber« (Cyano-acrylatkleber) ist, der innerhalb von einer Minute abbindet. Doch empfiehlt sich dieser Klebstoff nicht zum Porzellankleben. Zum einen können Sie Fehler nicht korrigieren, sondern müssen mühselig die Klebefugen lösen (s. S. 22/23) und von vorne anfangen. Bei langsam härtendem Epoxydharzkleber haben Sie Zeit genug, die Teile perfekt zu kleben. Zum anderen ist kein anderer Klebstoff so stark wie Epoxydharz.

Stellen Sie das zu bearbeitende Teil immer so hin, daß es sich so gut wie möglich durch sein eigenes Gewicht stützt.

Ein **Druckverband** hält die Teile eines einfachen Sprungs oder Bruchs am besten zusammen, während der Klebstoff trocknet. Aus einem alten Paar Strumpfhosen läßt sich ein idealer Druckverband

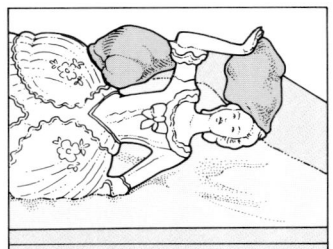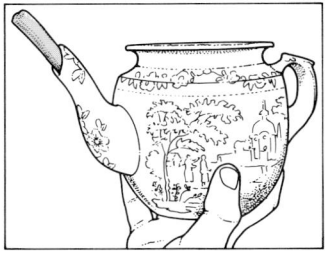

Stützen Sie einen Arm mit Modelliermasse. Basteln Sie sich daraus eine Stütze für die Tülle, die gefüllt werden soll.

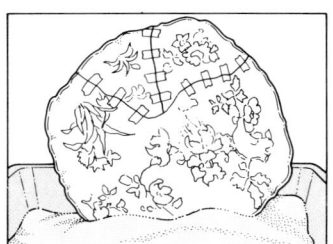

Stützen sie geklebte Teller und Tassenhenkel in einer Sandform an einer Ecke, so daß das Teil sich selbst trägt.

basteln. Binden Sie sie in einem lockeren Knoten um die Vase oder den Teller, stecken Sie einen Stock in den Knoten und drehen Sie den Stock, so daß der Verband fest sitzt

Tesafilm hält die beiden Teile eines Bruchs zusammen, während der Epoxydharzkleber trocknet. Wenn er eine k ebrige Oberfläche hinterläßt, beseitigen Sie den Rest mit Aceton. Kleben Sie kein Klebeband auf Vergoldungen, denn es kann die Vergoldung ablösen.

Mit **Büroklammern** können Sie die geklebten Teile eines Tellers oder einer Untertasse in der richtigen Position halten.

Eine mit Sand oder Salz gefüllte **Dose** ist eine wertvolle Hilfe, um Keramikteile in die gewünschte Lage zu bringen. Nehmen Sie dazu eine Keksdose oder eine Schachtel – eine Katzenstreu-Schale hat die ideale Größe.

Auf **plastische Modelliermasse (Plastilin)** können Sie zum Abstützen kaum verzichten. Wenn sie warm ist, ist sie weich und formbar, doch sie behält ihre Form und kann leicht entfernt werden. Achten Sie darauf, daß sie nicht mit der Klebestelle in Berührung kommt.

Sie können **schnell härtenden Epoxydharzkleber** benutzen, wenn Sie keine brauchbare Stütze finden. Er ist nicht so stark wie der langsam härtende, doch spielt das bei kleinen Teilen oft keine Rolle.

Mischen Sie den schnell härtenden Kleber ebenso wie den langsam härtenden, und tragen Sie ihn dünn auf die eine Seite der Klebstelle auf. Achten Sie darauf, daß Sie vorher geübt haben, die zerbrochenen Teile ohne Klebstoff zusammenzusetzen. So machen Sie sich mit der Klebstelle vertraut und halten die Teile optimal in der Hand.

Schnell härtendes Epoxydharz braucht 10 – 15 Minuten, um fest zu werden. Lassen Sie es nach dem Mischen fünf Minuten stehen, drücken Sie dann das abgebrochene Teil an die Klebstelle und halten Sie es fünf bis zehn Minuten fest, bis der Kleber fest geworden ist. Drücken Sie die Teile fest und gleichmäßig zusammen. Denken Sie daran, daß es nicht leicht ist, etwas für fünf bis zehn Minuten festzuhalten, ohne sich zu bewegen.

Für welche Methode des Abstützens Sie sich auch entscheiden – prüfen Sie nach zwei Stunden, wie gut sie hält. Achten Sie darauf, daß keines der Teile verrutscht ist; bringen Sie es sonst wieder in die richtige Position.

Projekt 1: *Eine orientalische Vase mit Sprung*

Bei dieser Vase mit ihrem langen vertikalen Sprung besteht die Gefahr, daß sie in zwei Teile zerspringt. Durch Schmutz und Fett ist der Sprung deutlich sichtbar. Als erstes muß der Schmutz beseitigt werden. Dazu brauchen Sie ein biologisches Reinigungsmittel und Wasserenthärter, und wenn diese Methode nicht wirkt, müssen Sie konzentrierte Wasserstoffperoxydlösung verwenden. Kleben Sie den Sprung mit langsam härtendem Epoxydharzkleber. Wenn Sie diesen Klebstoff erhitzen, wird er flüssig, bevor er steinhart wird. Erwärmen Sie die Vase zuerst, so daß das Epoxydharz genau in den Sprung sickert.

Durch einen Druckverband erhalten Sie eine feste, saubere Klebstelle, während der Kleber trocknet, da er einen starken Druck auf eine Seite ausübt. In manchen Fällen ist ein Druckverband ungeeignet; halten Sie die Klebstelle in dem Fall so fest wie möglich mit Tesafilm zusammen.

Wenn Sie ein Stück Porzellan mit einem haarfeinen, unansehnlichen Sprung haben, entfernen Sie nur den Fleck. Sie brauchen den Sprung dann nicht zu füllen, da das Stück sicher nicht auseinanderbrechen wird.

Wenn Sie diese Techniken anwenden, ist die Reparatur kaum sichtbar.

Bei einem Sprung wie hier liegt das Geheimnis einer kaum sichtbaren Reparatur darin, daß Sie Schmutz und Ruß entfernen, bevor Sie den Sprung mit Epoxydharzkleber sichern.

Schmutz und Flecken entfernen

Vermischen Sie in einem Plastikeimer zu gleichen Teilen Wasser-enthärter und biologisches Reinigungsmittel. Füllen Sie soviel warmes Wasser auf, daß Sie die Vase komplett einweichen können. Nehmen Sie nicht zu heißes Wasser, sonst wird die Wirksamkeit der Reinigungslösung vermindert. Weichen Sie die Vase mehrere Stunden oder über Nacht darin ein. Sollte der Sprung dann noch schmutzig sein, schrubben Sie ihn mit einer alten Zahnbürste ab und wiederholen Sie das Einweichen. Wiederholen Sie diesen Vorgang so oft wie nötig.

Wenn die Einweichmethode nicht jedes Schmutzteilchen völlig entfernt, gießen Sie ganz wenig konzentrierte Wasserstoffperoxydlösung auf eine Untertasse. *Seien Sie vorsichtig* und berühren Sie die Lösung nicht mit Ihren Fingern, denn sie ist ätzend. Tauchen Sie mit einer Pinzette einen Wattebausch in die Lösung ein und legen Sie den Wattebausch auf den Sprung – je nach Länge des Sprungs brauchen Sie vielleicht mehrere Wattebäusche. Lassen Sie sie einige Stunden liegen und entfernen Sie sie dann. Die Lösung bewirkt, daß die Watte den Schmutz aufsaugt. Wiederholen Sie diesen Vorgang eventuell. Benutzen Sie Peroxydlösung *nicht* für Steingut oder Töpferware, da der Fleck dann noch größer werden kann. Spülen Sie die Vase gründlich mit warmem Wasser ab und lassen Sie sie an einem warmen Ort trocknen.

Den Sprung sichern

Erwärmen Sie die Vase vorsichtig ungefähr zehn Minuten bei der niedrigsten Temperatur in einem Backofen, oder erwärmen Sie den Sprung mit einem Fön. Während die Vase warm wird, mischen Sie etwas *langsam härtenden* Epoxydharzkleber auf einem Stück weißer Pappe. Vermischen Sie die beiden Komponenten des Klebers mit einem Maniküstäbchen oder mit einem Palettenmesser gründlich und gleichmäßig.

Nehmen Sie die Vase mit einem Topflappen aus dem Ofen. Stecken Sie eine Rasierklinge in den Sprung und öffnen Sie ihn vorsichtig um ein Haarbreit. Tragen Sie reichlich Klebstoff auf den Sprung auf, durch die Hitze wird er sofort einsickern. Entfernen Sie die Rasierklinge. Wenn noch viel Klebstoff um die angeknackste Stelle kleben bleibt, beseitigen sie ihn vorsichtig mit Aceton oder einem ähnlichen Lösungsmittel, aber achten Sie darauf, daß es den Sprung selbst nicht berührt. Der restliche Klebstoff kann später entfernt werden.

Halten Sie die beiden Seiten des Sprungs mit Hilfe eines Druckverbands zusammen und lassen Sie das Teil mindestens zwölf Stunden stehen. Entfernen Sie den Druckverband und schaben Sie die Überreste des getrockneten Klebstoffs mit einem Skalpell oder einem scharfen Messer ab.

Das Säubern und Reparieren eines Sprunges

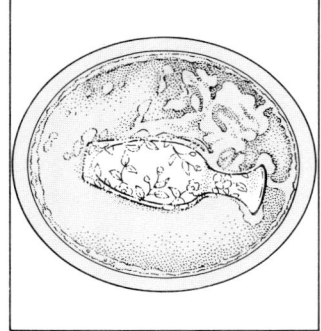

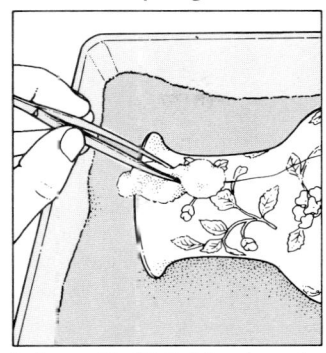

1 Vase in Wasserenthärter und Reinigungsmittel einweichen.

2 Legen Sie Wattebäusche auf den Sprung.

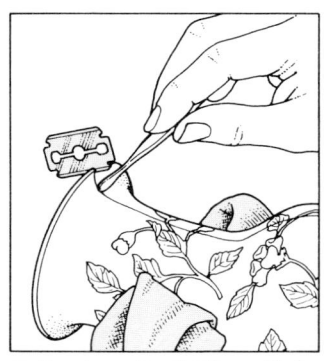

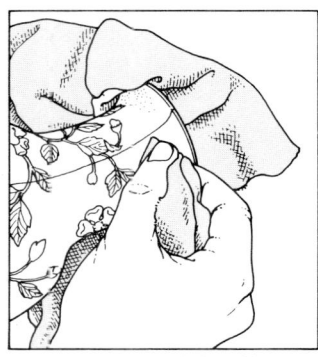

3 Bruch um Spalt öffnen, Klebstoff auftragen.

4 Entfernen Sie Klebstoffreste mit Aceton.

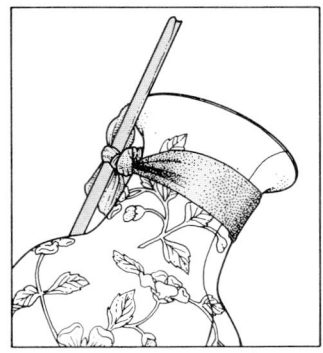

5 Druckverband um saubere Klebstelle legen.

6 Restlichen Klebstoff mit einem Skalpell abschaben.

Projekt 2: *Ein zerbrochener Teller*

Einfache Brüche

Wenden Sie auch bei einer einfachen Aufgabe eine professionelle Technik an, so erhalten Sie eine fast unsichtbare Reparatur.

Der Teller links ist schlecht zusammengeklebt worden. Der alte Klebstoff wurde zu dick aufgetragen und hat mit der Zeit eine klumpige braune Färbung angenommen. Zuerst muß man die ursprüngliche Reparatur auseinandernehmen und alle Klebstoffreste entfernen.

Zum Lösen der alten Klebstellen brauchen Sie heißes Wasser und eine Plastikschüssel. Schon durch langes Einweichen in Wasser werden die meisten Klebstoffe weich, und die Teile brechen auseinander. Wenn Einweichen allein nicht hilft, brauchen Sie wasserlöslichen Farbentferner und eventuell Aceton. Wasserlöslicher Farbentferner beschädigt die Keramik oder die Glasur nicht, aber er löst altes restauriertes Material und manchmal auch alte Vergoldungen ab. Wenn Ihr Teller vergoldet ist, seien Sie vorsichtig, und testen Sie erst ein winziges Stückchen.

Zum Kleben wird langsam härtender Epoxycharzkleber verwendet. Während der Klebstoff trocknet, müssen die beiden Teile so fest wie möglich zusammengehalten werden. Verwenden Sie dazu Tesafilm und einen Druckverband. Eventuell brauchen Sie auch Büroklammern aus Metall, um die beiden Teile des Bruchs in der richtigen Position zu halten.

Das Restaurieren von Porzellan ist interessant, weil jede Reparatur anders ist. Doch werden immer dieselben Grundtechniken angewendet, egal, ob die Reparatur einfach oder komplex ist. Diese Techniken sind nicht kompliziert, doch ist es wichtig, die Reparatur vorher zu überdenken und zu planen. Machen Sie keinen Handgriff, bevor Sie sich nicht über den nächsten im klaren sind, und haben Sie alles nötige Material zur Hand.

Dieses Buch soll Ihnen zeigen, wie Sie dekoratives Porzellan und Keramik reparieren können. Haushaltsporzellan, vor allem Teller, können selten zufriedenstellend repariert werden. Alle Klebstoffe werden sich in Wasser lösen, besonders in einer Geschirrspülmaschine, und natürlich werden sich Schmutz und Staub auf dem Sprung eines zerbrochenen Tellers ansammeln, egal, wie perfekt Sie die beiden Hälften geklebt haben. Es lohnt sich, den abgebrochenen Henkel ihrer Lieblingstasse oder eines Teils Ihres Services zu reparieren, wenn Sie es korrekt kleben und sichern, aber benutzen Sie es so selten wie möglich.

Durch eine Kombination von Klebeband, Druckverband und ganz wenig Klebstoff erhalten Sie eine feste, saubere und sichere Klebstelle zwischen zwei auseinandergebrochenen Teilen.

Das Lösen alter Klebefugen

Legen Sie den Teller in eine Plastikschüssel, bedecken Sie ihn mit sehr heißem Wasser, und weichen Sie ihn über Nacht ein. Wenn nötig, wiederholen Sie den Vorgang.

Sollte sich die Klebstelle nach ein paar Tagen noch immer nicht lösen lassen, nehmen Sie den Teller aus dem Wasser und trocknen Sie ihn ab. Tragen Sie wasserlöslichen Farbentferner auf beide Seiten der Klebefuge auf, lassen Sie den Teller 20 Minuten ruhen und wischen Sie den Farbentferner dann ab. Wenn der Klebstoff sehr hartnäckig ist, tragen sie den Farbentferner auf und verschließen den Teller in einer Plastiktüte; dadurch trocknet der Farbentferner nicht und hat mehr Zeit, seine Wirkung zu entfalten.

Man findet auch zerbrochene Teller oder Schalen, die mit Metallklammern und Pflaster zusammengehalten werden. Um diese zu entfernen, müssen Sie das Teil einige Stunden in warmem Wasser einweichen. Das sollte den größten Teil des Pflasters ablösen, so daß die Klammern leicht mit einem Skalpell herausgebrochen werden können. Beginnen Sie in der Mitte und arbeiten Sie sich zu den Seiten vor.

Wahrscheinlich bleibt ein Teil des alten Klebstoffs an den nun

---

Die Reparatur eines einfachen Bruches

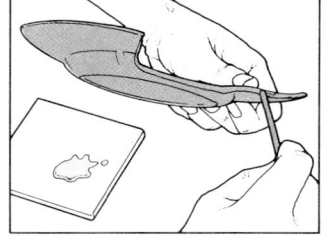

1 *Tragen Sie auf eine Seite der Bruchstelle Klebstoff auf.*

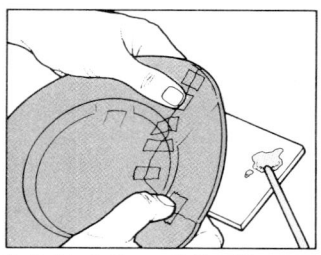

2 *Beide Seiten mit Tesafilm zusammenhalten.*

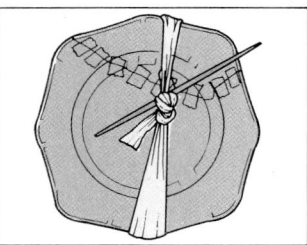

3 *Üben Sie durch den Druckverband starken Druck aus.*

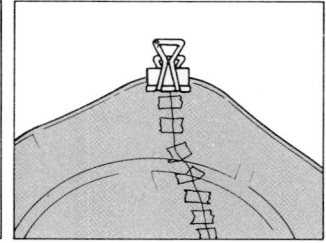

4 *Mit Büroklips Rand in richtiger Stellung halten.*

auseinandergebrochenen Teilen haften. Tragen Sie Farbentferner auf die Kanten auf, lassen Sie das Teil 20 Minuten stehen und entfernen Sie den Farbentferner und den aufgelösten Klebstoff vorsichtig mit einem Skalpell. Achten Sie darauf, daß Sie die zerbrochenen Kanten des Tellers nicht mit dem Skalpell beschädigen. Wiederholen Sie diesen Vorgang eventuell. Wenn der alte Klebstoff die geklebten Ecken verfärbt hat, wenden Sie die Methode zum Fleckentfernen von S. 18/19 an. Reinigen Sie den Teller gründlich mit Zahnbürste und Spülmittel. Spülen Sie ihn mit klarem Wasser ab und lassen Sie ihn vollständig trocknen.

Trockenübung

Probieren Sie erst aus, wie die Teile zusammengehören, bevor Sie Klebstoff auftragen. *Das gilt für jeden Klebevorgang.* Wenn Sie feststellen, daß die Nahtstelle nicht perfekt ist, suchen Sie bei gutem Licht oder mit einer Lupe nach Klebstoffresten oder winzigen Porzellansplittern. Entfernen Sie die Reste sorgfältig mit dem Skalpell, nicht mit den Fingern. Halten Sie die zerbrochenen Teile einige Male aneinander, um sich mit den Positionen vertraut zu machen.

Kleben und Absichern

Mischen Sie mit einem Manikürstäbchen auf einem Stück weißer Pappe gründlich etwas langsam härtenden Epoxydharzkleber. Mit dem Klebstoff können Sie mindestens eine Stunde lang arbeiten, übereilen Sie die Arbeitsvorgänge deshalb nicht. Schneiden Sie sich ca. ein Dutzend Streifen Tesafilm zurecht und halten Sie sie griffbereit.

Tragen Sie das Epoxydharz vorsichtig mit dem Manikürstäbchen nur auf eine Seite der Klebstelle auf, und lassen Sie dabei keine Stelle aus. Je dünner die Klebstoffschicht ist, desto stärker und fester ist die Verbindung zwischen den beiden Teilen.

Pressen Sie die beiden Porzellanteile zusammen – fest, aber vorsichtig. Es können sonst winzige Porzellansplitter in die Klebefuge fallen, so daß die Teile ihre Position verändern. Testen Sie die Klebelinie, indem Sie ein Skalpell von einer Seite zur anderen führen; wenn eine Seite höher ist als die andere, bleibt das Skalpell hängen. Korrigieren Sie die Position der Teile eventuell. Während Sie den Druck halten, sichern Sie die Klebstelle, wie Sie es auf der Abbildung sehen. Entfernen Sie die Klammern, den Druckverband und den Tesafilm nach 24 Stunden und beseitigen Sie Klebstoffreste mit einem Skalpell. Wenn der Tesafilm eine klebrige Oberfläche zurückläßt, säubern Sie die Stelle mit Aceton.

Projekt 3: *Eine Porzellan-Untertasse*

Mehrfache Brüche

Dieses Projekt ist komplexer als das vorherige. Die Porzellan-Untertasse war in 14 Teile zerbrochen. Zum Glück ging keines der Teile verloren, und da feines Porzellan ein glasähnliches Material ist, bröckelt oder splittert es nicht so leicht, so daß Sie keine neuen Teile herstellen müssen. Trotzdem ist es ein recht extremes Beispiel eines mehrfachen Bruches, und als Anfänger sollten Sie mit einem Teil mit weniger Brüchen beginnen. Wenn Sie dann reichlich Erfahrung mit einfacheren Mehrfachbrüchen in drei, vier oder fünf Teile haben, können Sie sich an solch einem komplexen Bruch versuchen. Die Methode bleibt dieselbe. Vielleicht müssen Sie alte Klebefugen lösen, doch selbst wenn nicht, müssen Sie alles gründlich reinigen, bevor Sie weiterarbeiten. Sie sollten sich überlegen, wie die Teile zusammengehören und eine »Trockenübung« machen, d. h. die Teile ohne Klebstoff aneinanderhalten. Wenn Sie den Klebstoff auftragen, wissen Sie genau, wie die Teile zusammengehören. Zum Schluß wird das Teil geklebt und gesichert, und nach ein oder zwei Stunden sollten Sie prüfen, ob kein Teil verrutscht ist.

Bei mehrfachen Brüchen sollten Sie mehr Zeit für den Trockendurchgang verwenden als bei einem einfachen Bruch, so daß Sie genau im Kopf haben, welches Teil wohin gehört und in welcher Reihenfolge die Teile geklebt werden.

Sie benötigen das gleiche Material wie bei Projekt 2, zusätzlich noch einen Bleistift und Papier.

Lassen Sie sich nicht dazu verführen, so feines Porzellan wie diese Untertasse zu bemalen. So dünne Keramik ist lichtdurchlässig, und wenn Sie sie gegen das Licht halten, erscheint jede Bemalung als dicke, verschwommene, dunkle Linie.

Reinigen

Säubern Sie die Teile vorsichtig mit einer Zahnbürste in einer Plastikschüssel, die mit warmem Wasser und Geschirrspülmittel gefüllt ist. Spülen Sie sie gründlich ab und lassen Sie sie dann an einem warmen Ort trocknen. Wenn Sie trocken sind, untersuchen Sie, ob die Ränder ganz sauber sind. Wenn nicht, dann wenden Sie die Techniken zum Fleckentfernen von S. 18/19 an.

Vielfache Brüche kleben Sie am besten in einer Sitzung. Lassen Sie sich dabei jedoch Zeit und achten Sie darauf, daß Sie alles zur Hand und genug Tesafilmstreifen abgeschnitten haben.

Die Planung der Reparatur

Bevor Sie mit dem Kleben beginnen, legen Sie alle Teile auf ein sehr sauberes Brett oder einen Tisch und schauen Sie sie sich genau an, um festzustellen, wie die Teile zusammengehören. Wenn Sie das Puzzle der Teile durchschaut haben, zeichnen Sie sich zur Orientierung auf ein Blatt Papier einen Entwurf. Versuchen Sie, die Ränder nicht zu berühren, weil Fettreste die Klebstelle schwächen oder verfärben können.

Dann müssen Sie sich die *Reihenfolge* des Zusammenklebens überlegen. Wenn Sie die Teile wahllos zusammenfügen, werden Sie höchstwahrscheinlich am Schluß ein oder zwei Teile übrigbehalten, die nicht richtig passen (das wird als »aussperren« bezeichnet). Sollten Sie irgendwelche Zweifel haben (besonders bei einem so komplizierten Projekt wie diesem), kleben Sie die Teile erst in einer Trockenübung mit Tesafilm zusammen. Wenn ein oder mehrere Teile nicht richtig passen, ändern Sie die Reihenfolge des Klebens so lange, bis sie passen. Numerieren Sie die Teile auf Ihrem Plan, so daß Sie sich während der Arbeit danach richten können.

Vorbereitung zum Zusammenkleben

Benutzen Sie langsam härtenden Epoxydharzkleber zum Kleben. Bevor Sie beginnen, schneiden Sie sich ausreichend viele Streifen Tesafilm in verschiedener Größe zurecht, darunter auch sehr kleine Streifen, und befestigen Sie sie an einem Tischende. Warten Sie damit nicht, bis Sie mit dem Kleben begonnen haben, denn die Arbeit ist kompliziert und knifflig; Sie müssen dazu alles zur Hand haben.

Zusammenkleben und Sichern

Tragen Sie den Klebstoff auf alle Teile auf, wie auf S. 22/23 beschrieben. Bei mehrfachen Brüchen ist es besonders wichtig, nur auf eine Seite eine möglichst dünne Schicht Klebstoff aufzutragen. Denken Sie daran, daß jede Klebstoffschicht neues Material auf die Untertasse aufträgt, so daß bei vielen Bruchstellen das Problem des Aussperrens entsteht.

Richten Sie sich nach Ihrem Entwurf und pressen Sie die Teile 1 und 2 zusammen. Wenn Epoxydharz herausläuft, so heißt das, daß Sie es nicht dünn genug aufgetragen haben. Bevor der Klebstoff abbindet, können Sie ihn mit einem sauberen Baumwollappen mit Aceton abwischen – benutzen Sie kein Papiertuch, denn das hinterläßt Papierreste auf der Klebestelle. Während Sie die beiden Teile zusammendrücken, halten Sie die Klebestelle auf beiden Seiten mit Tesafilm zusammen und testen Sie die Naht mit einem Skalpell (s. S. 23). Sind Sie zufrieden, dann pressen Sie die Teile 1 und 2 an Teil 3 und wiederholen die Kontrolle und das Absichern.

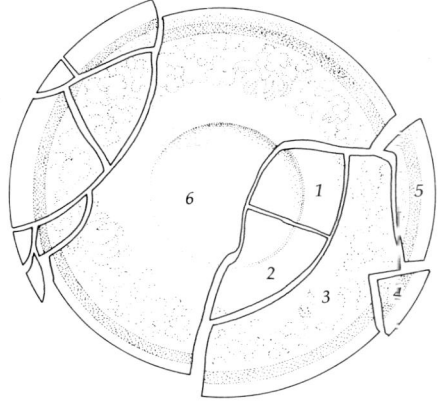

Machen Sie sich einen Plan und numerieren Sie die Teile in der Reihenfolge des Zusammenklebens, um das Aussperren zu vermeiden.

Für die Reparatur eines so komplizierten mehrfachen Bruches wie hier sind Geduld und Planung wichtiger als große Geschicklichkeit.

Arbeiten Sie so weiter, bis die Untertasse vollständig ist. Wenn Teile verrutscht sind, haben Sie genug Zeit, die Positionen zu korrigieren.

Vergewissern Sie sich nach einiger Stunden, daß sich kein Teil verschoben hat. Wenn doch, brechen Sie alle Klebestellen mit Farbentferner auseinander (s. S. 22/23) und fangen von vorne an – besser jetzt als nach der Erhärtung des Klebstoffs.

Entfernen Sie den Tesafilm nach 24 Stunden und säubern Sie die Klebstoffreste, wie auf S. 23 beschrieben.

Projekt 4: *Eine angeschlagene Vase*

Der Gebrauch von farbiger Füllmasse

Bei diesem Projekt wird gezeigt, wie man abgeschlagene Stellen ausfüllt und fehlende Teile ersetzt. Es gibt zwei Methoden, um ein ersetztes Teil zu färben: entweder Sie benutzen gefärbte Füllmasse oder Sie bemalen das Teil. Letzteres ist komplizierter und wird auf S. 48–59 ausführlich beschrieben. Hier benutzen wir farbige Füllmasse. Das ist zwar einfacher, doch kann man die Farben nicht so exakt bestimmen. Es lassen sich jedoch gute Ergebnisse erzielen, besonders wenn das zu füllende Teil einfarbig ist.

Wenn Ihr Stück ein kompliziertes Muster hat, können Sie die farbige Füllmasse als Hintergrundfarbe nehmen und darauf die Dekoration auftragen, oder Sie benutzen einfachen weißen Füllstoff und bemalen ihn (s. S. 56/57).

Auch wenn Sie sich zum Bemalen entschließen, müssen Sie nach den hier dargestellten Anweisungen die Füllmasse herstellen und Splitter und Brüche füllen.

Das Material

Um Füllmasse herzustellen, brauchen Sie etwas langsam härtendes Epoxydharz, eine Auswahl trockener Künstlerfarbpigmente (die Farben, die Sie brauchen, sind ausführlicher auf S. 52/53 beschrieben), etwas Kaolin oder feine Zahnfüllmasse und eventuell feine Oberflächenfüllmasse. Vermischen Sie Ihre Füllmasse und die Farben auf einer sauberen weißen Kachel. Am besten haben Sie mehrere weiße Kacheln zur Hand – sie sind sehr nützlich – und halten eine kleine Schüssel mit Wasser und etwas Aceton bereit.

Anstatt Ihre eigene Füllmasse herzustellen, können Sie den im Handel erhältlichen Epoxydharzkitt verwenden. Wenn Sie trüben Kitt kaufen, brauchen Sie auch etwas Titandioxyd, um ihn weiß zu färben. Sie können den Kitt auch mit Künstlerfarbpigmenten färben.

Jede Art von Modellierwerkzeug ist nützlich, besonders ein kleiner Metallspatel. Zum Abschmirgeln empfehlen sich kleine Metallfeilen, und Schmirgelpapier mit verschiedenen Körnungen sind ein Muß. Soll die Oberfläche glasiert aussehen, benutzen Sie einen der Lacke, die auf S. 54/55 beschrieben werden. Eventuell brauchen Sie auch Tesafilm und plastische Modelliermasse zum Sichern.

Am schnellsten schlägt man die Ränder von Tellern, Tassen und, wie hier, Vasen an. Es gibt zwei Grundtypen von Scherben: Glasurscherben und V-förmige Scherben. Reparaturen einer V-förmigen Scherbe wie hier sind zeitaufwendiger, weil Sie die Innen- und Außenseite des Teils modellieren müssen.

Die Herstellung von Epoxydharzkitt

Stellen Sie auf einem Stück weißer Pappe etwas Epoxydharzkleber her, wie auf S. 18 beschrieben. Wenn Sie ihn gründlich vermischt haben, übertragen Sie ihn auf eine saubere weiße Kachel. Schauen Sie sich die Farbe der Vase genau an. Wählen Sie die trockenen, fein gemahlenen Künstlerfarbpigmente aus, die den benötigten Farben am nächsten sind. Schütten Sie die Pigmente vorsichtig in winzigen Häufchen auf eine andere Kachel und halten Sie sie vorsichtig voneinander getrennt. Viele Porzellanstücke haben einen fast weißen Hintergrund, deshalb brauchen Sie wahrscheinlich etwas Titandioxyd (Titandioxyd ist ein starkes weißes Puderpigment). Mischen Sie es zuerst in das Epoxydharz hinein.

Geben Sie vorsichtig Körnchen der entsprechenden Pigmente zu dem gemischten Kitt hinzu (die Pigmente kann man gut mit einem Skalpell umschütten), und mischen Sie sie mit einem Maniküurstäbchen ein, bis Sie eine gleichmäßige Farbe erhalten. Die Pigmente sind verschieden stark, aber viele sind sehr intensiv. Seien Sie deshalb vorsichtig, und nehmen Sie immer nur ein paar Körnchen auf einmal. Auf S. 56–59 finden Sie Hinweise zur Farbherstellung).

Die Zubereitung farbiger Füllmasse

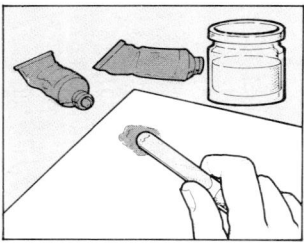

1 *Stellen Sie langsam härtenden Epoxydharzkleber her.*

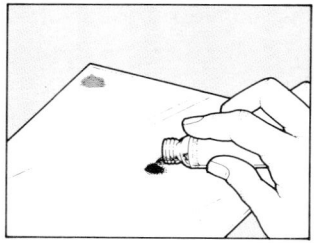

2 *Pulverpigmente in Häufchen auf Kachel schütten.*

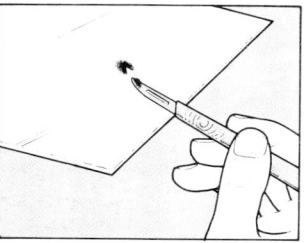

3 *Pigmente mit Skalpell zum Kleber geben.*

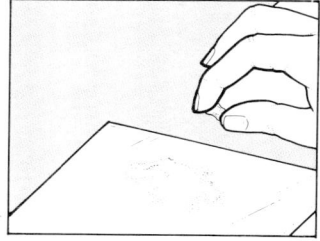

4 *Fügen Sie Füllpulver hinzu, bis die Füllmasse steif ist.*

Halten Sie etwas Aceton und einen Baumwollappen bereit, so daß Sie den Kitt von Ihrem Werkzeug usw. abwischen können. Denken Sie daran, daß das bei getrocknetem Epoxydharz nicht geht.

Sind Sie mit der Farbe zufrieden, dann müssen Sie dem Kitt Substanz geben, so daß er beim Trocknen seine Form behält. Es gibt verschiedene Füllmassen in Pulverform, die Sie verwenden können, doch die beiden gängigsten sind Kaolin und feine Zahnfüllmasse. Je mehr Pulver Sie nehmen, desto dicker wird Ihr Kitt. Wenn Sie kleine Löcher oder Brüche füllen möchten, brauchen Sie nur sehr wenig Pulver, und die Mischung kann recht flüssig sein. Tragen Sie sie mit einem feinen Modellierwerkzeug oder einem Maniküstäbchen auf den Riß oder das Loch auf. Ist der Riß größer, fügen Sie soviel Pulver hinzu, bis Sie die Masse mit den Fingern hochheben können (reiben Sie Ihre Hände vorher mit dem Pulver ein). Geben Sie solange Pulver hinzu, bis die Masse wirklich steif ist, damit sie ihre Form bewahrt, wenn Sie sie in die fehlende Stelle einsetzen.

Behalten Sie etwas Füllmasse auf einem Stück weißer Pappe zurück, damit Sie den nächsten Schub dem ersten anpassen können, wenn Sie mehr Füllmasse brauchen sollten. Wenn die Farbe nicht paßt, wird die leicht andere Schattierung einen fleckigen Eindruck machen.

Fertiger Kitt

Es gibt eine Reihe von fertigen Epoxydharzkitten zu kaufen. Dadurch sparen Sie Zeit; die Kitte sind praktisch, einfach anzuwenden und behalten ihre Form. Außerdem werden viele von ihnen nicht so hart wie die selbstgemachte Füllmasse und können deshalb leichter abgeschmirgelt werden. Der einzige Nachteil ist, daß einige von ihnen grün, blau oder grau sind. Kaufen Sie vorzugsweise weißen oder matten Kitt.

Modellierwerkzeuge

Die Methode und die Werkzeuge, mit denen Sie die Fehlstellen füllen, hängen von der Art der Scherbe oder der fehlenden Teile ab, die ersetzt werden sollen. Sie können mit Ihren Fingern, Skalpellen, kleinen Metallspateln und feinen Modellierwerkzeugen modellieren, doch investieren Sie nicht ein halbes Vermögen in Werkzeuge. Ein Maniküstäbchen und vielleicht ein kleiner Metallspatel oder die Klinge eines Skalpells reichen für die meisten Arbeiten aus. Anderes Werkzeug ist zwar nützlich, kaufen Sie es aber erst, wenn Sie etwas Erfahrung haben. Wie Sie sehen, muß Restaurieren nicht immer teuer sein.

Das Füllen

Tragen Sie so vorsichtig wie möglich eine Schicht Füllmasse auf die fehlende Stelle auf. Wenn die zu füllende Stelle groß ist, füllen Sie nicht alles auf einmal ein, da die Masse zusammensackt, während sie trocknet. Bauen Sie die Füllung statt dessen in Schichten auf, wobei Sie jede Schicht ganz oder zumindest zum Teil trocknen lassen, bevor Sie die nächste Schicht auftragen. Füllen Sie nicht zuviel Füllmasse in die angeschlagene Stelle. Sonst werden Sie, wenn die Masse getrocknet ist, viele mühselige Stunden darauf verwenden, die Stellen mit Feilen und Schmirgelpapier abzu-schmirgeln, bis sie mit dem Originalporzellan auf einer Höhe ist. Haben Sie Zweifel, so füllen Sie besser zu wenig ein und fügen später mehr hinzu.

Denken Sie daran, daß Sie immer in drei Dimensionen arbeiten, und daß Sie die Rundung des Vasenrandes berücksichtigen müs-sen. Mit Wasser oder mit Aceton können Sie die Füllmasse in Form bringen, doch seien Sie vorsichtig: zu viel Aceton auf Ihrem Modellierwerkzeug wird Ihre Füllmasse in flüssigen Schlamm ver-wandeln, bis das Aceton verdunstet. Reiben Sie Ihre Finger mit Füllpulver ein und klopfen Sie die Füllung in Form, ohne daran kleben zu bleiben.

Bei einer kleinen Fläche können Sie viel Zeit sparen, wenn Sie Tesafilm als Verstärkung benutzen, um den Epoxydharzkitt festzu-pressen. Er kann problemlos entfernt werden, wenn die Füllmasse getrocknet ist. Bei größeren Flächen können Sie dazu plastische Modelliermasse verwenden, doch achten Sie darauf, daß sie die Bruchstellen des Porzellans nicht berührt.

Trocknen

Die Füllmasse kann abgeschmirgelt werden, wenn sie so hart ist, daß man sie mit Schmirgelpapier abreiben kann, ohne daß sie sich in Klümpchen löst – gewöhnlich dauert es zwischen sechs und zehn Stunden, je nach Zimmertemperatur. Dieser »Heilungspro-zeß« kann jedoch dadurch beschleunigt werden, daß man das Stück in eine warme Umgebung stellt. Wenn Sie es bei der geringsten Temperatur in den Backofen stellen, wird die Füllmasse in ca. 20 Minuten fest sein. Doch seien Sie vorsichtig: in einem Ofen wird die Füllmasse zwar schneller fest, doch wird sie extrem hart sein, und das Abschmirgeln wird dadurch schwieriger.

Ein weiterer Hinweis, falls Sie den Backofen zum Festwerden benutzen – lassen Sie das Stück zuerst für ca. zwei Stunden auf natürliche Weise trocknen. Wenn Sie es sofort in den Ofen stellen, wird das Epoxydharz durch die Hitze erst flüssig und dann hart, so daß die Füllmasse ihre Form verliert (vgl. auch das Emaillieren im Ofen S. 54/55).

Obwohl diese Glasurscherbe leichter zu reparieren ist als die V-förmige Scherbe der vergoldeten Vase, muß eine gebogene Fläche gefüllt und abgeschmirgelt werden, was schwieriger ist als bei einer glatten Oberfläche.

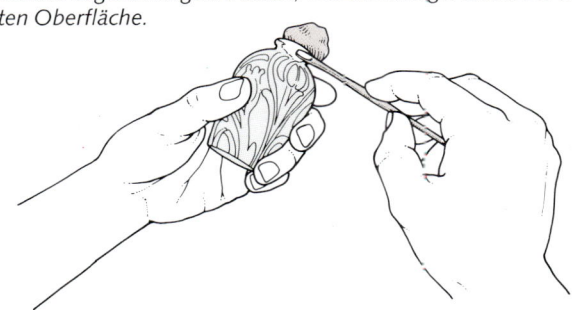

Benutzen Sie ein Stück plastische Modelliermasse als Halt, um die Füllmasse dagegen abzustützen.

Abschmirgeln

Wenn die Füllmasse getrocknet ist, muß sie wahrscheinlich mit Schmirgelpapier abgeschmirgelt werden. Sie können kleine Metallfeilen verschiedener Größe kaufen, um Überreste der Füllmasse abzuschmirgeln. Wenn Sie sehr viel Füllmasse überstehen haben, sollten Sie mit den Feilen beginnen. Achten Sie darauf, daß Sie nicht an die Originalglasur der Vase kommen (was leicht passiert).

Verwenden Sie dann Schmirgelpapier, das Sie in 25 mm große Quadrate schneiden. Nehmen Sie zuerst ein ziemlich rauhes Papier, dann mittleres (das am nützlichsten ist), und nehmen Sie zum Schluß das feinste Schmirgelpapier (Karborundpapier). So erhalten Sie eine glatte Oberfläche, die noch durch eine Chrompolitur verbessert werden kann. Denken Sie beim Abschmirgeln ständig an die Konturen der gewünschten Form.

Abschmirgeln

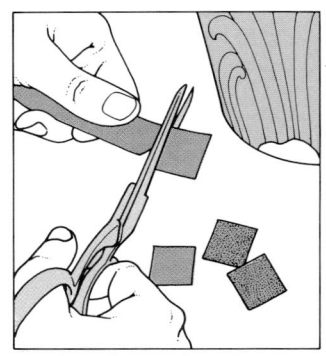

1 *Schneiden Sie das Schmirgelpapier in kleine Quadrate.*

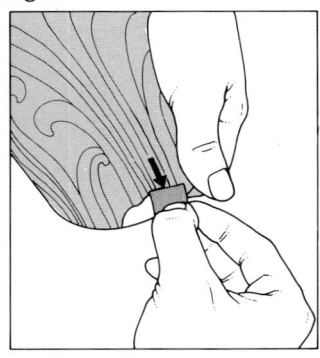

2 *Schmirgeln Sie vom Porzellan zur Füllmasse hin ab.*

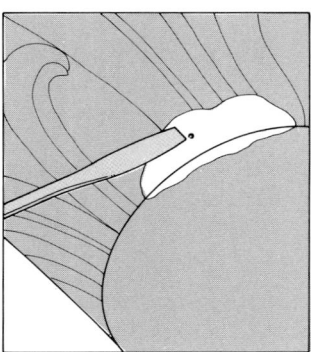

3 *Winzige Löcher mit feiner Füllmasse ausfüllen.*

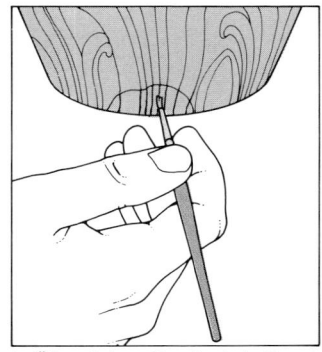

4 *Überziehen Sie die Arbeit mit einer Lackschicht.*

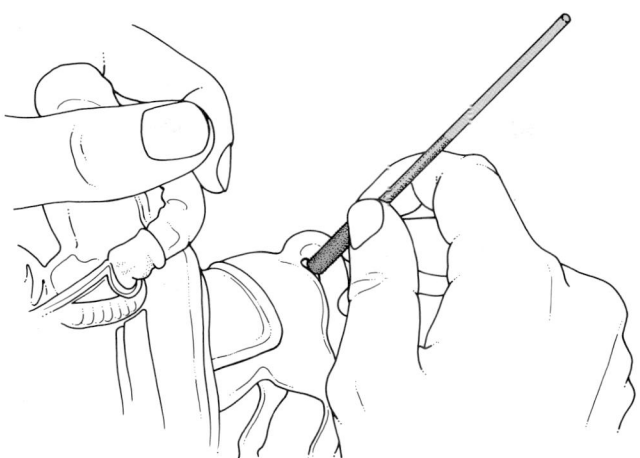

Wenn Sie unbequeme Stellen abschmirgeln, legen Sie ein Quadrat Schmirgelpapier um einen dünnen Stock oder um eine runde Nagelfeile.

Als Regel gilt, daß Sie in einzelnen Bewegungen von der Porzellanseite in Richtung der Füllmasse schmirgeln, nicht umgekehrt. Wenn Sie in die andere Richtung schmirgeln, oder wenn Sie die Grenze zwischen Porzellan und Füllmasse entlang schmirgeln anstatt über die Grenze hinweg, dann schleifen Sie sicher zu viel ab und müssen die Stelle mit neuer Füllmasse füllen. Wenn Sie unbequeme Ecken abschmirgeln, sollten Sie ein Schmirgelpapierquadrat um das Ende eines runden Stöckchens wickeln.

Das Füllen

Es kann sein, daß Sie mehrere Male neue Füllmasse herstellen und zwischen jeder Schicht abschmirgeln müssen, bis das letzte Schmirgeln zufriedenstellend ist. In diesem Stadium können Sie winzige Löcher in Ihrer Füllmasse vorsichtig mit Epoxydharz oder mit einer feinen Oberflächenfüllmasse (s. S. 10) füllen, beide so gefärbt, daß sie farblich passen.

Die Oberfläche

Wenn Sie die Stellen ausgefüllt und abgeschmirgelt haben, sehen Sie sich das Porzellan um die Füllstelle herum an und beseitigen Sie Reste der Füllmasse mit einem Skalpell. Brauchen Sie eine glasurartige Oberfläche, so tragen Sie noch eine dünne Schicht Lack auf (s. S. 54/55).

Projekt 5: *Modellieren für Fortgeschrittene*

Weisen Sie das Modellieren nicht von sich — Sie müssen kein Künstler von Weltformat sein, um ausgezeichnete Ergebnisse zu erzielen. Sie brauchen eine gute Beobachtungsgabe, ein Auge fürs Detail und Geduld.

Außer Splittern (s. S. 28–35) sind Hände, Griffe und Blumen wohl die Teile, die bei Ziergegenständen oder bei Keramikfiguren am häufigsten ersetzt werden müssen. Die hier beschriebenen Techniken können Sie bei fast allen anderen Teilen anwenden, die Sie vielleicht modellieren müssen.

Sie haben beim Modellieren einen großen Vorteil. Wenn Sie eine Hand nachbilden, können Sie Stil, Größe und Farbe von der anderen Hand der Figur kopieren. Bei einem Ziergegenstand kann eine intakte Blume als Modell für eine neue dienen. Ein fehlender Tassenhenkel hat irgendwo seinen Zwilling. Falls Sie kein Vorbild haben, müssen Sie etwas recherchieren. In Büchern werden die verschiedenen Stile von Tassenhenkeln usw. dargestellt. Suchen Sie in Bibliotheken, in Museen. Wenn Sie mehr als ein oder zwei Porzellanstücke reparieren wollen, kleben Sie sich Bilder aus alten Antiquitätenzeitschriften in ein Heft.

Material und Werkzeug

Für alle Arten kunstvollen Modellierens können Sie Epoxydharzkitt verwenden (selbstgemachten oder gekauften, mit dem das Modellieren einfacher ist, s. S. 30/31). Wenn Sie feine Details modellieren, muß die Epoxydmasse sehr dick sein; geben Sie deshalb ausreichend Pulverfüllung hinzu. Wolen Sie das Teil bemalen, so fügen Sie etwas Titandioxyd hinzu, um eine weiße Grundlagenfarbe zu erhalten. Für farbige Füllmasse (s. S. 28–35) fügen Sie die nötigen Pigmente hinzu.

Beginnen Sie nicht sofort mit dem Modellieren, denn das Material ist ursprünglich zu weich, um die Form zu halten, wenn Sie so etwas Kniffliges wie Finger oder eine komplizierte Blume herstellen. Lassen Sie die Füllmasse, je nach Raumtemperatur, ca. zwei Stunden ruhen, bis sie anfängt, hart zu werden; Sie haben dann noch mindestens eine Stunde Zeit, bevor die Masse zu hart zum Bearbeiten wird.

Sie können zum Modellieren Maniküstäbchen, Zahnstocher, Skalpelle, Pinzetten, Sonden und anderes kleines Modellierwerkzeug verwenden — je mehr Sie zur Verfügung haben, desto besser. Tauchen Sie das Werkzeug in Wasser oder Aceton ein.

Bei einer Figur sind die Extremitäten am stärksten der Gefahr ausgesetzt, beschädigt zu werden. Dieser Harlequin ist wertvolles Meißener Porzellan.

Ein Tassenhenkel

Rekonstruieren Sie den fehlenden Henkel (s. S. 37) und zeichnen Sie den Entwurf auf ein Stück Papier, und zwar in Originalgröße, so daß Sie die Zeichnung als Schablone benutzen können. Halten Sie Ihren Entwurf gegen die Tasse, um zu sehen, ob er paßt.

Stellen Sie etwas steife Epoxydharzfüllmasse her (s. S. 30/31) und lassen Sie sie ca. eine Stunde stehen; rollen Sie sie dann dünn aus. Wenn Sie sich nicht gut ausrollen läßt, lassen Sie sie noch ein halbe oder eine Stunde stehen. Legen Sie die Rolle auf Ihre Schablone, biegen Sie sie in die richtige Form und schneiden Sie sie auf die richtige Größe zurecht. Ihr Ersatzteil sollte dünner als der fertige Henkel sein, und lassen Sie es stehen, bis es fast trocken ist.

Fügen Sie zu frischem Epoxydharzkleber etwas Füllpulver hinzu und kleben Sie den Ersatzhenkel damit an die Tasse. Stellen Sie die Tasse in eine mit Sand oder Salz gefüllte Kiste und stützen Sie das Gerüst des Tassenhenkels mit plastischer Modelliermasse ab. Wenn der Ersatzhenkel fest klebt, formen Sie den Henkel mit mehr Kitt weiter aus und verzieren ihn. Schmirgeln Sie ihn ab und behandeln Sie die Oberfläche wie auf S. 34/35 beschrieben.

Ein Tassenhenkel muß im Stil zur ganzen Tasse passen – dazu mag etwas Forschergeist nötig sein.

Das Modellieren eines Tassenhenkels

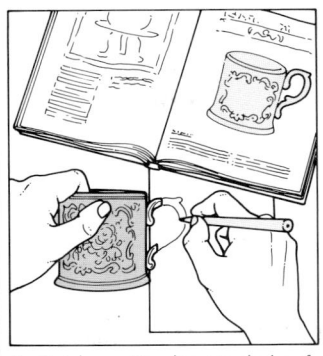

1 Zeichnen Sie den Henkel auf ein Stück Pappe.

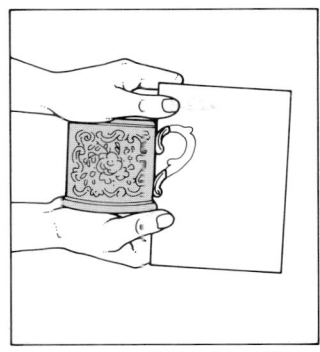

2 Testen Sie, ob das Modell zur Tasse paßt.

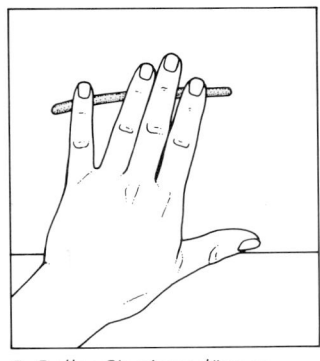

3 Rollen Sie einen dünnen Stab aus Epoxydharzkitt.

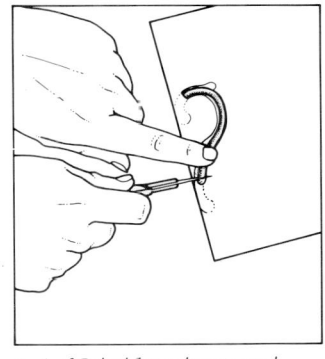

4 Auf Schablone legen und Überschuß abschneiden.

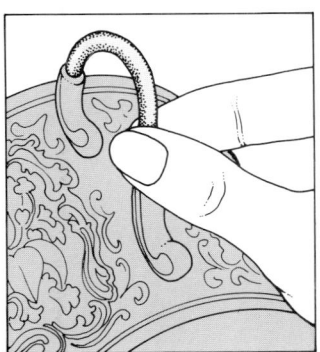

5 Kleben Sie die Rolle mit Epoxydharz an die Tasse.

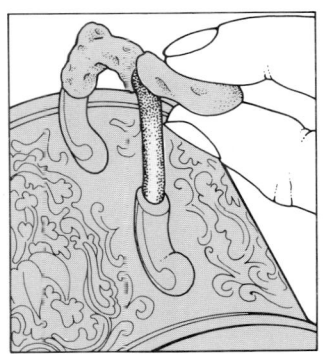

6 Henkel an Tasse modellieren, wenn Kleber trocken.

Blumen

Verwenden Sie Epoxydharzkitt, der zum Teil schon hart ist, um Blumen, Blüten, Blätter usw. herzustellen. Geben Sie etwas Füllpulver auf Ihr Arbeitsbrett, so daß der Kitt nicht festklebt.

Blüten und Blätter

Um Blüten oder Blätter herzustellen, rollen oder pressen Sie Kügelchen aus Kitt in die erforderliche Dicke. Schneiden Sie sie mit einem in Aceton getauchten Skalpell in Form. Tragen Sie Klebstoff auf die Bruchstelle des Porzellans auf und kleben Sie Ihre Blüte oder Ihr Blatt vorsichtig an. Stützen Sie das Teil mit plastischer Modelliermasse. Wenn nötig, modellieren Sie es weiter, wenn es schon am Porzellan befestigt ist, und lassen Sie es dann trocknen. Behandeln Sie die Oberfläche, wie auf S. 34/35 beschrieben.

Ganze Blumen

Wahrscheinlich sind an Ihrem Zierstück noch intakte Blumen, die Sie kopieren können. Je stärker Sie sich an die Struktur der Vorlage halten, desto besser werden Ihre eigenen Blumen dazu passen.

Einfache Blumen aus Porzellan werden häufig aus einem Teil hergestellt und bestehen aus vier oder fünf Blütenblättern, manchmal mit einem leicht erhöhten Zentrum.

Rollen Sie mit Ihren Fingern einen kleinen Ball aus dem Kitt und formen Sie daraus einen Kegel – das spitze Ende ist der Stiel Ihrer Blume. Halten Sie den Stiel in einer Hand und pressen Sie mit einem runden Stock ein Loch in die Mitte des breiten Endes des Kegels. Mit einem scharfen Stock oder einem in Aceton getauchten Skal-

Lassen Sie die Modelliermasse liegen, bis sie so fest ist, daß Sie sie sehr dünn ausrollen können und sie ihre Form behält, ohne durchzuhängen.

pell können sie die Enden einkerben oder wegschneiden, um die gewünschte Anzahl von Blütenblättern zu erhalten. Wenn Sie einen erhöhten Mittelpunkt brauchen, fügen Sie eine kleine »Kuppe« aus Kitt hinzu. Lassen Sie die Blume trocknen und bearbeiten Sie sie, wie auf S. 34/35 beschrieben.

Rosen sind einfacher zu modellieren als es scheint. Drücken Sie ein ovales Stück Kitt platt und ziehen Sie es lang. Drehen Sie es um einen winzigen Ball, um das Zentrum zu erhalten. Drücken Sie die Blütenblätter in Form von Fächern platt und plazieren Sie sie abwechselnd um das gefaltete Zentrum, so daß sie etwas höher als das Zentrum stehen. Toupieren Sie die äußeren Blütenblätter mit Ihren Fingerspitzen oder mit Modellierwerkzeug in naturalistische Formen und rollen und pressen Sie dann den unteren Teil der Blume vorsichtig zu einem Stiel. Lassen Sie die Rose trocknen und bearbeiten Sie sie, wie auf S. 34/35 beschrieben.

Das Modellieren fehlender Blumen führt zu zufriedenstellenden Resultaten und ist nicht so kompliziert, wie es aussieht.

Hände

Porzellanfiguren mit fehlenden Händen oder Fingern stellen den Restaurator vor die schwierigste Aufgabe. Trotzdem kann man ausgezeichnete Ergebnisse erzielen. Am besten üben Sie das Modellieren von Händen mit plastischer Modelliermasse.

Schauen Sie sich die Figur genau an. Finden Sie eine natürliche Position für die Hand? Sie hängt von der Stellung der ganzen Figur ab, besonders des Arms. Probieren Sie verschiedene Positionen der Hand vor Ort mit plastischer Modelliermasse aus. Vielleicht hält die Hand etwas? Wenn Sie keine exakte Kopie in einem Buch finden, schauen Sie sich möglichst viele ähnliche Figuren an; Porzellanfiguren sind meist sehr stilisiert, und die Themen und Positionen wiederholen sich endlos. Wenn Sie sich für die Position von Hand und Fingern entschieden haben, studieren Sie den Stil. Es wäre z. B. unpassend, für eine grobe Staffordshire-Figur eine schöne Hand zu modellieren, an der jeder Knöchel und Fingernagel zu sehen ist. Die intakte Hand ist der wertvollste Ratgeber. Schauen Sie sich als nächstes die Größe an. Lassen Sie während des Modellierens die andere Hand nicht aus den Augen, so daß die Hand, die Sie bearbeiten, die gleiche Größe hat, und zwar nicht nur in der Länge und der Breite, sondern auch in der Dicke. Ein Stech- oder ein Greifzirkel können eine große Hilfe sein. Achten Sie darauf, daß eine Hand nur wenig kleiner ist als ein Gesicht.

Betrachten Sie auch ständig Ihre eigene Hand. Wenn Sie Schwierigkeiten haben, Ihre eigene Hand in die Position der modellierten Hand zu bringen, korrigieren Sie Ihr Modell. Untersu-

Achten Sie bei Ersatzhänden darauf, daß sie zum Stil der Figur passen. Sie können naturalistisch oder stilisiert sein.

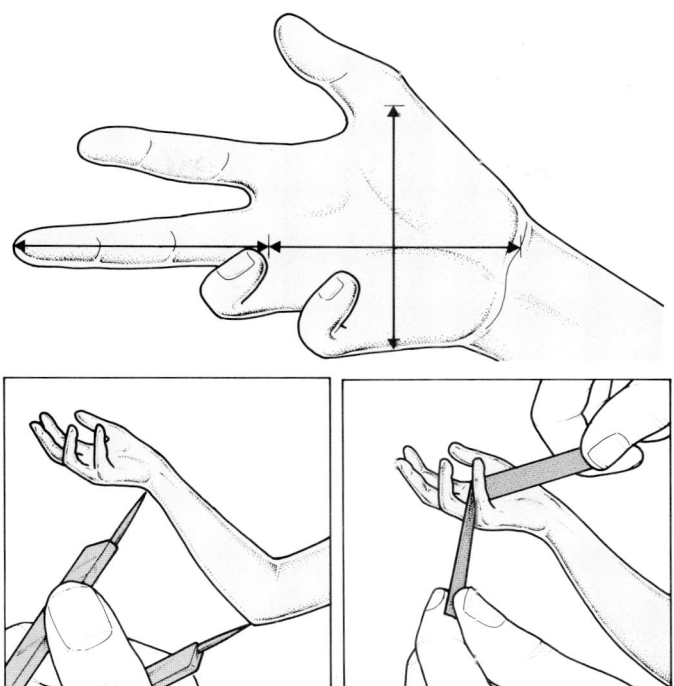

Beachten Sie die Proportionen Ihrer Hand und messen Sie die Länge des zu modellierenden Arms mit einem Greifzirkel. Schmirgeln Sie zwischen den Händen mit einem dünnen Streifen Karborundpapier.

chen Sie Ihre Hand: jeder Finger hat drei Teile, und die Fingerspitze ist nach oben gebogen (bei Porzellanfiguren oft übertrieben). Schauen Sie sich die Stellung des Daumens im Verhältnis zu den Fingern an. Der längste Finger ist so lang wie der Handteller, was auch der Breite des Handtellers entspricht, den Daumen eingeschlossen (s. o.).

Tauchen Sie Ihr Werkzeug, Sonden, Skalpelle usw. beim Modellieren immer in Wasser oder Aceton, um zu verhindern, daß Sie am Kitt klebenbleiben und ihn so aus der Form bringen.

Wenn die Hand ungefähr korrekt, aber noch biegsam ist, kleben Sie sie mit Epoxydharzkleber an der Arm und führen Sie dann kleine Korrekturen durch. Stützen Sie die Figur, wie auf S. 14/15 beschrieben. Wenn die Hand getrocknet ist, schmirgeln Sie sie vorsichtig mit Feilen und Schmirgelpapier ab, und fügen Sie noch Kitt hinzu und modellieren Sie eventuell weiter. Achten Sie darauf, daß die Klebstelle weich ist und daß die Füllmasse nicht überlappt.

Projekt 6: *Art-Deco-Clowns*

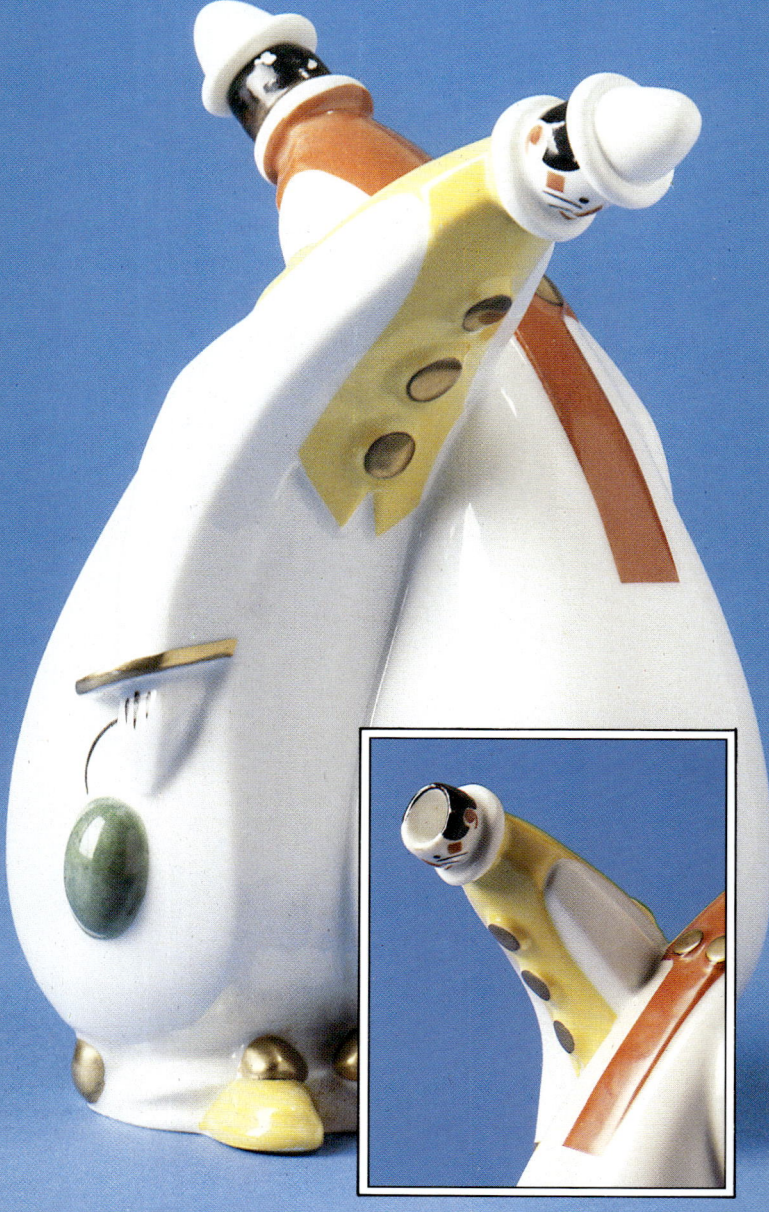

Das Herstellen von Gußformen

Wir haben gesehen, daß es nicht so schwer ist, fehlende Teile zu modellieren, wie man annimmt (S. 36–43). Wenn sie eine exakte Vorlage haben, können sie mit einer Gußform viel Zeit sparen. Dieser Fall tritt häufig auf. Z. B. bei einer Vase mit zwei Henkeln, bei der ein Henkel fehlt. Fertigen Sie in dem Fall eine Gußform von dem vorhandenen Henkel an und stellen Sie davon eine Kopie her. Selbst wenn beide Henkel fehlen, sparen Sie Zeit, wenn Sie nur einen Henkel modellieren und für den zweiten einen Abdruck gießen.

Das Foto illustriert unser Problem. Diese witzigen Art-Deco-Clowns waren wohl eigentlich Öl- und Essig-Kännchen. Aus einem Foto wird ersichtlich, daß sie ursprünglich kegelförmige Hüte hatten, in die Korken eingebettet waren. Beide Hüte fehlen, doch reicht es, wenn wir einen modellieren und dann mit Hilfe einer Gußform eine Kopie herstellen.

Für die Gußform brauchen Sie Latexemulsion, die Sie beim Künstlerbedarf oder beim Eisenwarenhändler bekommen, wo sie oft als Teppich- oder Kunststoffkleber verkauft wird. Die Außenseite des modellierten Huts wird mit Latex eingerieben, das die Gußform bildet. Die Form wird dann entfernt und flüssige Füllmasse wird hineingegossen. Die gebräuchlichste flüssige Füllmasse ist flüssiges Epoxydharz, doch ist das nicht immer leicht erhältlich. Sie können jedoch auch gewöhnliches Epoxydharz verwenden, wenn Sie es zuerst vorsichtig erhitzen.

Dann brauchen Sie noch eine Handvoll Sägemehl, Wattebäusche (oder Q-tips) und einen gewöhnlichen Backofen.

Ein Wort der Warnung zu Latex: manchmal löst es die Vergoldung ab. Probieren Sie deshalb diese Methode bei einer Vergoldung zuerst an einer winzigen Stelle aus.

Das Modellieren des ersten Hutes

Suchen Sie zwei Korken in passender Größe. Modellieren Sie mit Epoxydharzkitt einen hohlen Hut (s. S. 30/31 und 37) und probieren Sie aus, ob die Hälfte des Korkens in den Hut paßt.

Wenn Sie den ersten Hut zu Ihrer Zufriedenheit modelliert haben, waschen Sie ihn, um Schmutz, Fett und Füllpulver zu entfernen, und lassen Sie ihn trocknen

Die einfachste Methode, die Hüte dieser Clowns zu ersetzen, ist, den ersten zu modellieren, davon eine Latexform zu gießen und eine Kopie herzustellen.

Das Gießen des zweiten Hutes

Gießen Sie etwas Latexemulsion auf eine Untertasse und tupfen Sie sie mit einem Wattebausch auf die Außenseite des Hutes bis zum Rand der Hutkrempe. Diese erste Latexschicht ist am wichtigsten. Latex ist sehr empfindlich, berühren Sie es deshalb nicht. Sie brauchen drei Latexschichten, und jede Schicht sollte trocknen, bevor Sie die nächste auftragen. Mischen Sie etwas Sägemehl mit Latex und tupfen Sie es mit den Fingern auf die Gußform, damit diese fest und starr ist. Lassen Sie diese Schicht trocknen und entfernen Sie dann die Gußform.

Für die flüssige Füllmasse müssen Sie etwas langsam härtenden Epoxydharzkleber herstellen und ihn in einen kleinen, wegwerfbaren Behälter umfüllen. Mischen Sie etwas Titandioxyd hinein, um die Füllmasse zu färben, und rühren Sie sie gründlich um. Lassen Sie die Mischung ca. 15 Minuten stehen, so daß sie sich vermischen kann, und stellen Sie den Behälter dann bei niedriger Temperatur in den Ofen (ca. 120°C). Sehen Sie alle paar Minuten nach, weil das Harz nur wenige Minuten flüssig bleibt, bevor es hart wird; deshalb läßt man es schnell zu lange im Ofen stehen. Dann sollten Sie das Harz wegwerfen und von neuem beginnen.

Nach ca. zehn Minuten wird das Harz flüssig. Nehmen Sie es mit einem Topflappen aus dem Ofen (der Behälter ist sicher heiß), drehen Sie die Gußform um – eine Kiste mit Sand ist die ideale Stütze – und gießen Sie die Füllmasse in die Gußform. Füllen Sie die Gußform nur halbvoll mit Harz, damit der Korken noch hineinpaßt, und lassen Sie das Teil 24 Stunden trocknen. Stellen Sie dann noch mehr flüssige Füllmasse her, betten Sie den Korken in die Mitte der Gußform ein und füllen Sie die Form randvoll. Lassen Sie die Füllmasse 24 Stunden trocknen und entfernen Sie die Gußform. Da der neue Hut nicht perfekt sein wird, müssen Sie ihn abschmirgeln und füllen, wie auf S. 34/35 beschrieben. Zum Schluß können die Hüte bemalt werden (s. S. 48–59).

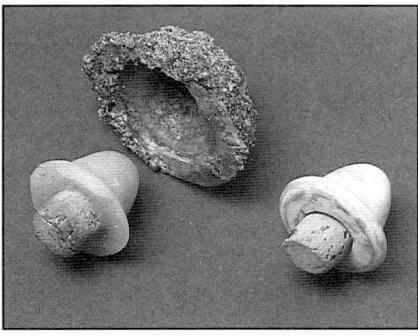

Lassen Sie das flüssige Epoxydharz mindestens 24 Stunden trocknen, bevor Sie die Gußform entfernen.

Das Herstellen einer Latexgußform

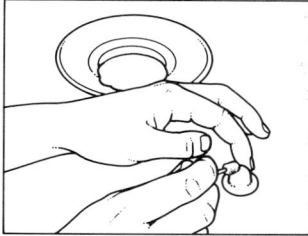

1 *Latex mit Wattestäbchen auf das Modell auftragen.*

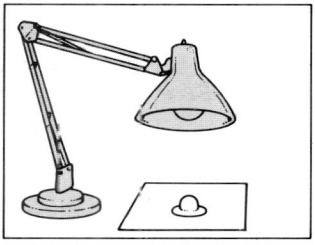

2 *Trocknen mit Schreibtischlampe beschleunigen.*

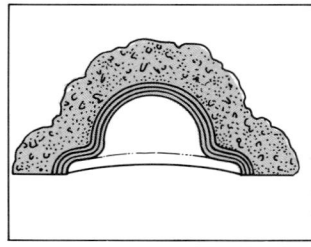

3 *Drei Latexschichten; in dritte Sägemehl mischen.*

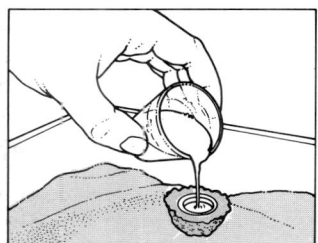

4 *Füllen Sie die Gußform mit flüssigem Epoxydharz.*

Zweiteilige Gußformen

Wenn Sie eine Gußform von einem Teil wie z. B. einem ganzen Kopf oder einem kompletten Henkel herstellen müssen, kann es passieren, daß Sie die Gußform beim Entfernen verformen oder zerbrechen. Dann können Sie eine zweiteilige Gußform herstellen. Bei einem Kopf z. B. können Sie eine Gußform für das Gesicht und eine für den Hinterkopf herstellen.

Bevor Sie die Form für das Gesicht gießen, pressen Sie etwas plastische Modelliermasse auf den Hinterkopf. Die Modelliermasse bildet so eine Grenze gegen die erste Gußform. Machen Sie ein oder zwei Einkerbungen in das Plastilin, wo es mit der ersten Gußform zusammentrifft, so daß Sie die beiden Hälften aufeinander ausrichten können. Stellen Sie die erste Gußform wie eine einteilige Form her und lassen Sie sie trocknen. Wenn sie fest geworden ist, entfernen Sie die Modelliermasse. Streichen Sie etwas Spülmittel oder Vaseline auf die Ränder des festgewordenen Latex – das wirkt als Lösungsmittel, wenn Sie die beiden Gußhälften trennen müssen. Stellen Sie die zweite Gußform her, und sobald sie fest geworden ist, entfernen Sie beide Formen. Verbinden Sie sie mit einer dünnen Latexschicht und bearbeiten Sie die Teile weiter wie eine einteilige Gußform.

Projekt 7: *Eine Adlerfigur*

Maltechniken

Zu Beginn (S. 28–35) haben wir farbige Füllmasse benutzt, um einen Splitter an einer Vase auszufüllen. Das ist eine einfache und effektive Methode, um Brüche und Absplitterungen unauffälliger zu machen, auch wenn sie immer noch zu sehen sind. Wenn Sie ein unsichtbares oder fast nicht sichtbares Ergebnis erzielen wollen, dann müssen Sie das Teil bemalen.

Es kann sehr schwierig und zeitaufwendig sein, Porzellan zu bemalen, obwohl Sie hervorragende Ergebnisse erreichen können. Das kann selbst einem Amateur gelingen, wenn er über die nötige Praxis, die richtige Methode und das Material verfügt, obwohl einige Teile natürlich von Natur aus schwieriger zu reparieren sind als andere.

Auf den ersten Blick mag diese zerbrochene Adlerfigur dem Amateur als hoffnungslose Aufgabe erscheinen. Doch sind alle Techniken, die zur Reparatur dieser Figur nötig sind, schon im Zusammenhang mit den bisherigen Objekten beschrieben worden. Hier werden sie alle gemeinsam angewendet und können auf jede andere Figur übertragen werden.

Was immer Sie an Farben, Pigmenten oder Lack verwenden, die Technik des Bemalens bleibt dieselbe. Zuerst wird die Hintergrundfarbe aufgetragen (sie ist meist weiß oder fast weiß), dann erst die Dekorfarben. Sehen Sie sich den Adler genau an, um die Reihenfolge zu bestimmen, in der die Farben ursprünglich aufgetragen wurden; wenn Sie diesen Prozeß nachvollziehen können, wird Ihre Reparatur authentischer.

Lassen Sie sich nicht dazu verführen, Zeit sparen zu wollen, indem sie eine frühere Reparatur füllen und retuschieren. Wie bei diesem Adler sollten Sie die Teile zunächst auseinandernehmen und jedes Teil gründlich säubern, bevor Sie die Figur neu zusammensetzen.

Die Rekonstruktion des Adlers

Entfernen Sie alle Überreste von Klebstoff, alter Füllmasse und Farbe und reinigen Sie jedes Teil des Adlers gründlich (wie auf S. 18/19 beschrieben), spülen Sie die Teile ab und lassen Sie sie trocknen.

Kleben Sie immer nur ein Teil auf einmal mit Epoxydharzkleber. Jedes neue Teil muß individuell getrocknet, geklebt und gestützt werden, bevor das nächste hinzugefügt wird (s. S. 14/15). Als allgemeine Regel gilt, daß Sie bei Zierfiguren nicht versuchen sollten, mehr als ein Teil auf einmal zu kleben.

Füllen und Bemalen

Verwenden Sie selbstgemachten oder fertigen weißen Epoxydharzkitt, um Splitter auszufüllen und um fehlende Blumen und Beine zu modellieren (s. S. 30/31 und 36−43). Alle ausgefüllten Oberflächen, besonders die Übergangsstellen, müssen ganz glatt sein; sind sie es nicht, werden die farbigen Grundschichten die Diskrepanzen betonen, anstatt sie zu verdecken (s. S. 34/35).

Das Ausfüllen von Bruchstellen

Selbst wenn Sie zwei Teile sehr sorgfältig zusammengesetzt haben, so wird doch zumindest ein haarfeiner Riß zu sehen sein. Um die Reparatur unsichtbar zu machen, müssen auch diese Risse gefüllt und geglättet werden, bevor Sie mit dem Bemalen beginnen. Eine Seite der Klebstelle wird wahrscheinlich um ein Minimum höher

Für eine unsichtbare Reparatur Klebstellen und Brüche ausfüllen und auf eine Ebene mit der Oberfläche abschmirgeln.

Das Ausfüllen von Bruchstellen

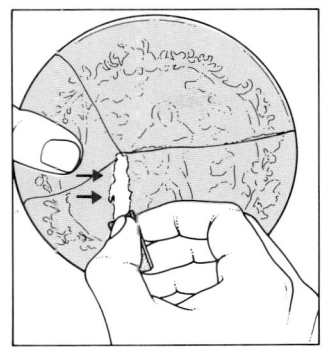

1 *Bruchstelle von niedrigerer Seite zur höheren füllen.*

2 *Von höherer Seite zur niedrigeren abschmirgeln.*

liegen als die andere; fahren Sie mit einem Skalpell die Klebstelle entlang, um das festzustellen. Manchmal ändern die geklebten Teile ihre Lage.

Stellen Sie etwas dünnflüssigen Kitt her, wie auf S. 30/31 beschrieben. Benutzen Sie weniger Füllpulver, als Sie zum Modellieren oder zum Ausfüllen von Splittern brauchen, und füllen Sie die Klebstellen von der *niedrigeren* Seite zur *höheren*. Arbeiten Sie so sorgfältig wie möglich und lappen Sie nicht zu sehr auf die höhere Seite über. Wenn der Kitt getrocknet ist, schmirgeln Sie die Füllstelle in einzelnen Bewegungen von der höheren zur niedrigeren Seite ab. So wird die Füllmasse auf der niedrigeren Seite geglättet und hinterläßt eine Nahtstelle, die sie nicht mit den Fingern spüren können. Wiederholen Sie den Vorgang so oft wie nötig.

Verwenden Sie dann feine Oberflächenfüllmasse, oder wenn Sie keine bekommen können, stellen Sie Ihre eigene her (s. S. 10) und tragen Sie sie auf die gegebene Stelle auf. Schmirgeln Sie diese letzte dünne Füllmasse mit Karborundpapier ab, wobei Sie wieder von der höheren zur niedrigeren Seite vorgehen.

Bewahren Sie etwas von Ihrem Karborundpapier auf. Sie können Ihrer Arbeit damit eine extra feine Oberfläche geben; oder nehmen Sie die feinste Körnung (1200) von feuchtem und trockenem Silikonkarbidpapier.

Kratzen Sie nach Beendigung des Ausfüllens und Abschmirgelns mit einem Skalpell überstehende Füllmasse von Ihrem Stück ab. Waschen Sie den Adler gründlich, um loses Füllpulver, Schmutz und Fett zu entfernen und lassen Sie ihn stehen.

Sie können nun mit dem Bemalen beginnen.

Pigmente und Farben

Bei Projekt 4 (S. 38–35) haben wir gesehen, daß Füllmasse mit trockenen, gemahlenen Künstlerfarbpigmenten gefärbt werden kann. Diese Pigmente können auch als Grundlage für Ihre Farben dienen. Kaufen Sie die kleinste Menge, die Sie bekommen, da Sie nur wenig brauchen.

Die Pigmente müssen mit Lack vermischt werden (s. S. 54/55), so daß sie mit dem Pinsel aufgetragen werden können. Einige Pigmente lösen sich besser auf als andere. Als bequeme Alternative können Sie kleine Töpfe mit fertiger Emaillefarbe in Modellbauläden, bei Spielwarenhändlern oder in Kaufhäusern bekommen. Anfangs sind sie billiger, als wenn Sie eine ganze Palette von

Metallfarben s. S. 12/13 und 68/69.

Weiß: Titandioxyd brauchen Sie unbedingt, um Füllmasse weiß zu färben. Kaufen Sie das Pigment in großer Menge.

Schwarz: Das dichteste Schwarz ist am besten; man nennt es *tiefschwarz.*

Blau: *Ultramarinblau:* ein warmes Blau mit einer leicht roten Schattierung.

Astralblau: ein kühles Blau, das gegen Grün tendiert.

Indigo: ein dunkles Blau mit violettem Ton.

Grün: *Astralgrün:* ein sattes Grün, das gegen Blau tendiert.

Chromoxydgrün: ein helleres, eher gelbes Grün.

Pulverpigmenten kaufen, aber auf die Dauer sind sie teurer und nicht so vielseitig verwendbar.

Vielleicht finden Sie beim Künstler- oder Bastelbedarf emailleartige Farben, die speziell zum Bemalen von Porzellan oder Glas gedacht sind. Wenn Sie fertige Farben kaufen, achten Sie darauf, daß Sie den unverdünnten Lack und viel von den dazugehörigen Verdünnern nehmen.

Farben

Die Namen derselben Farben können je nach Hersteller variieren, nehmen Sie deshalb diese Farbtafel mit und überprüfen Sie die Farben, falls Sie Zweifel haben.

Braun: *Gebrannte Umbra:* ein sattes Schokoladenbraun, das gegen Rot tendiert.

Umbra natur: ein erdhaftes Gelb-Braun.

Gelb: *Ockergelb:* ein erdhaftes, leicht braunes Gelb.

Zitron: tendiert gegen Grün.

Kadmiumgelb: die Farbe des Sonnenscheins.

Rot: *Kadmiumrot:* ein leuchtendes Rot, das gegen Orange tendiert.

Purpuralizarin: ein leuchtendes Rot, das gegen Kastanienbraun tendiert.

Rehbraun: ein erdhaftes Rot-Braun.

Lacke

Wenn Sie Pulverpigmente verwenden, müssen Sie Klarlack und den zugehörigen Verdünner kaufen. Beim Künstler- oder Bastelbedarf werden verschiedene Arten von Lacken verkauft, wovon einige zum Bemalen von Porzellan verwendet werden können; lesen Sie deshalb die Etiketten oder die Gebrauchsanweisungen. Den Klarlack, der mit fertigen Emaillefarben zusammen verkauft wird, können Sie auch einzeln bekommen und mit Künstlerfarbpigmenten mischen.

Die meisten professionellen Restauratoren benutzen Lacksorten, die nicht allgemein erhältlich sind. Doch einige Geschäfte für Künstler- oder Bastelbedarf verkaufen (oder bestellen) sie. Kaufen Sie sie, falls Sie sie bekommen, denn Sie sind in vieler Hinsicht besser als die anderen Lacke.

Die erste Lackart (ein Polyurethanharz) wird durch den Zusatz eines Katalysators fest. Sie können dann 24 Stunden damit arbeiten, wenn Sie ihn in einer luftdichten Flasche aufbewahren, und zwei Tage oder länger, wenn er im Kühlschrank steht.

Der zweite Typ ist eine Emailleglasur, die gebrannt werden muß. Dafür benötigen Sie einen (wenn möglich elektrischen) Backofen oder Tellerwärmer. Nach jeder Glasurschicht wird das Teil für eine Stunde bei sehr niedriger Temperatur (90 – 120°C) in den Ofen gestellt. Wenn Sie es aus dem Ofen nehmen und abkühlen lassen, ist die Glasur sehr hart, und die nächste Glasurschicht kann aufgetragen werden, im Gegensatz zu den Lacken, die oft 24 Stunden trocknen müssen. Emailleglasur ist wahrscheinlich die Lackart, die am härtesten ist und am wenigsten vergilbt. Die meisten Stücke können mit Emailleglasur behandelt werden, doch seien Sie vorsichtig und stellen Sie keine sehr empfindlichen oder alten Teile in den Ofen. Entfernen Sie immer alle Ränder, Füße usw. aus Metall, bevor Sie ein Stück in den Ofen stellen.

Die Trockenzeit von allen Lacken (außer von der gebrannten Glasur) kann beschleunigt werden, indem Sie das Stück in eine warme Umgebung stellen, z. B. auf einen Radiator oder unter eine Schreibtischlampe. Kommen Sie nicht in die Versuchung, neue Farbschichten aufzutragen, bevor die untere bis zur maximalen Härte getrocknet ist.

Die Lacke sind gewöhnlich dicker, als es zum Porzellanbemalen nötig ist. Es lohnt sich, etwas Lack in ein kleines Glas umzufüllen und Verdünner dazuzugeben; die Menge hängt von dem Lack ab (allmählich werden Sie ein Gefühl für die Proportionen bekommen). Arbeiten Sie mit diesen verdünnten Lacken.

Bewahren Sie immer ein kleines Glas mit Verdünner zum Säubern von Bürsten, Kacheln usw. auf.

Maltechniken

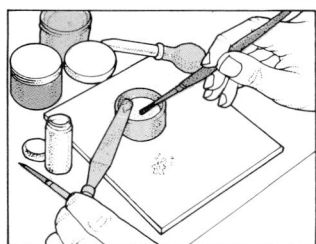

1 In Metallschälchen Farben und Pigmente mischen.

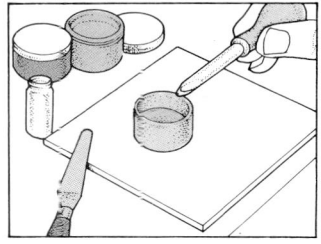

2 Mit Pipette tropfenweise Verdünner und Lack zufügen.

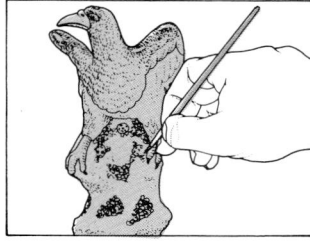

3 Marderhaarpinsel zum Bemalen benutzen.

4 Lassen Sie Emailleglasur im Ofen trocknen.

Bemalen

Ihre Pinsel sollten aus feinstem Marderhaar sein. Am besten beginnen Sie mit den Nr. 00 und 2. Geben Sie gut acht auf Ihre Pinsel, säubern Sie sie mit Verdünner, bevor die Farbe am Pinsel trocknet. Benutzen Sie ihre Marderhaarpinsel nicht, um Pigmente zu mischen, sonst werden sie bald ruiniert sein. Nehmen Sie dazu einen alten, großen, *sauberen* Pinsel (ca. Größe 6).

Je mehr kleine Gläser mit Deckeln Sie haben, desto besser. Sie können darin Lösungen, selbstgemachte Farben, Verdünner usw. aufbewahren und umfüllen. Füllen Sie Verdünner und Lacke mit einer Pipette um — niemals mit einem Pinsel, wie sauber er Ihnen auch scheint.

Kleine Metallschälchen, um Pigmente oder Farben zu mischen, bekommen Sie beim Künstlerbedarf. Reinigen Sie sie sofort nach Gebrauch mit Verdünner. Statt dessen können Sie auch Flaschendeckel aus Metall, kleine Eierbecher usw. und eigentlich jeden kleinen sauberen Behälter verwenden, solange er nicht aus Plastik ist. Säubern Sie sie mit Verdünner und weichem Toilettenpapier oder einem Baumwolläppchen.

Grundschicht und Hintergrundfarben

Fast alle Teile aus Porzellan haben einen weißen Hintergrund. Wenn sie jedoch genauer hinsehen, werden Sie merken, daß der weiße Hintergrund nie ganz weiß ist. Vergleichen Sie eine wirklich weiße Kachel mit irgendeinem Stück Porzellan. Versuchen Sie, Ihre Farbe der Hintergrundfarbe exakt anzupassen; das ist häufig beim Bemalen die schwierigste Arbeit.

Das Auftragen der Grundschicht

Tragen Sie noch vor der Hintergrundfarbe eine Schicht ganz weißer Farbe auf die Konturen der Risse, Klebstellen und modellierten Teile auf, um die Füllmasse zu verdecken. Versuchen sie, das Porzellan selbst nicht mehr als um ein Bruchteil zu überstreichen. Dazu eignet sich ein Pinsel Nr. 2. Die Farbe sollte die Konsistenz einer dünnen Creme haben. Gehen Sie nur einmal mit dem Pinsel über jede Fläche, so daß keine Pinselstriche zu sehen sind.

An den Übergängen zwischen der Farbe und dem Porzellan werden harte Linien zu sehen sein. Verdecken Sie sie, indem Sie ihren Pinsel reinigen und mit kurzen schrägen Pinselstrichen unverdünnten Lack auf die Farbübergänge auftragen. Machen Sie das sofort, bevor die Farbe – außer bei gebrannten Emaillefarben – nach ein oder zwei Minuten zu trocknen beginnt. Üben Sie diese Technik des Glättens auf einer schwarzen Kachel. Es ist wichtig, harte Linien zu glätten, sonst werden die Übergänge nie unsichtbar sein.

Überziehen Sie die bemalten Stellen nach ungefähr zehn Minuten (je nach Material) mit einer Schicht Klarlack. Tragen Sie den Lack so leicht und zügig wie möglich auf, sonst wirken die Verdün-

Wenn Sie mit dem Füllen und Modellieren fertig sind, können Sie die erste Grundschicht auftragen; diese sollte zunächst ein reines Weiß und dann eine gefärbte Hintergrundfarbe sein.

ner im Lack auf die darunterliegende Bemalung. Ist das der Fall, tragen Sie einen etwas dickeren Lack (d. h. mit weniger Verdünner) auf.

Wenn diese erste Schicht gründlich getrocknet oder – bei einer Glasur – gebrannt ist, untersuchen Sie Ihre Reparatur. Die Farbe hebt Diskrepanzen, Löcher, Erhöhungen und unkorrekt gefüllte Splitter und Bruchstellen hervor. Kleine Unebenheiten mögen bei weiteren Farbschichten verschwinden, notfalls müssen Sie einige Stellen neu füllen. Verwenden Sie dazu feine Oberflächenmasse, schmirgeln Sie sie ab und tragen Sie wieder weiße Farbe und eine Lackschicht auf, eventuell mehrere weiße Farbschichten, um die Übergänge zu verdecken; überziehen Sie jede Farbschicht mit einer Lackschicht. Um zu vermeiden, daß diese Stellen als Klümpchen spürbar oder sichtbar sind, sollten Sie jede Lackschicht vorsichtig mit dem feinsten Karborundpapier oder mit Naß-und-Trocken-Schleifpapier abschmirgeln. Schmirgen Sie von der Mitte der Farbe nach außen hin. Wenn Sie von außen nach innen arbeiten, können Sie die Farbe beschädigen.

Die Farbe dem Hintergrund anpassen

Wenn die Nahtstellen nicht mehr sichtbar sind, können Sie die Hintergrundfarbe auftragen. Sie ist weiß mit winzigen Zugaben von Farbe. Nehmen Sie einige Teile aus Porzel an, sowohl Zier- als auch Gebrauchsporzellan, und sehen Sie sich die Farbe des Hintergrunds an. Sie werden feststellen, daß es entweder ein »kühler« Ton ist, der gegen Blau tendiert, oder ein »warmer« Ton, der gegen Gelb tendiert. Die meisten orientalischen Porzellane und Hartporzellane sind kühl, Steingut ist eher warm. Mischen Sie für kühlere Töne winzige Mengen von Ultramarin und Ockergelb in Ihr Weiß, für wärmere Töne ein paar Körner gebrannte Umbra und Zitronengelb. Vielleicht brauchen Sie auch Spuren von anderen Farben, wobei die genaue Menge von Stück zu Stück variiert.

Füllen Sie etwas Weiß, ein wenig Lack und Verdünner in ein Schälchen, um eine dünne Creme zu erhalten, und passen Sie die Farbe der Hintergrundfarbe an. Geben Sie von Zeit zu Zeit einige Tropfen Verdünner mit einer Pipette dazu, damit die Farbe nicht austrocknet. Testen Sie Ihre Farbe, indem Sie ein bißchen davon auf das Porzellan tupfen. Wischen Sie die Farbe sofort wieder mit Verdünner ab.

Tragen Sie die Hintergrundfarbe genauso auf, wie Sie die weiße Grundschicht aufgemalt haben, und überziehen Sie sie mit einer Lackschicht. Wenn die Farbe nicht perfekt paßt, lassen Sie sie trocknen, schmirgeln Sie sie leicht ab und versuchen Sie es noch einmal.

Die Dekoration: transparente und halbtransparente Farben

Eine transparente Farbe ist eine reine Farbe, halbtransparente Farben enthalten etwas Weiß. Schauen Sie sich Ihr Stück genau an. Auf dem Adler finden sich ein paar leuchtende Farben: ein gelber Schnabel, grünes Moos, lila Blumen und schwarze, graue und braune Federn. Unter einigen der leuchtenden Farben sind auch helle Farbtöne. Tatsächlich sind es weniger Farben als es scheint. Das Grau z. B. ist ein wässriges Schwarz, und das Hellgelb ist das Gelb des Schnabels, nur weniger konzentriert.

Füllen Sie für die hellen Töne etwas Lack in Ihr Schälchen, oder wenn Sie nur wenig Farbe brauchen, auf Ihre Kachel. Geben Sie dann Pigmente oder Farben dazu, bis Sie den richtigen Ton erhalten. Fügen Sie Verdünner hinzu. Diese Töne sind häufig halbtransparente Farben und brauchen deshalb etwas Weiß in Ihrer Zusammensetzung.

Lassen Sie die Farbe auf das Porzellan fließen, anstatt Sie mit ordentlichen Pinselstrichen aufzutragen. Vergleichen Sie, ob Ihre Farbe der Originalfarbe entspricht. Überziehen Sie die Farbe mit einer Schicht Klarlack.

Die konzentrierten, leuchtenden Farben sind meist reine Farben mit ein wenig Lack oder, wenn Sie fertige Farben kaufen, ohne Lack. Wenn Sie bei einer Farbe einen dunkleren Ton erzielen wollen, fügen Sie am besten etwas rohe Umbra hinzu.

Vergessen Sie nicht, daß Sie auf einer empfindlichen Hintergrundfarbe arbeiten. Wenn Sie beim Verzieren einen Fehler machen und die Farbe mit Verdünner abwischen, kann das die

Typische Craquelé bei einer Staffordshire-Figur. Mit ganz dünnen Linien kann man Craquelé imitieren.

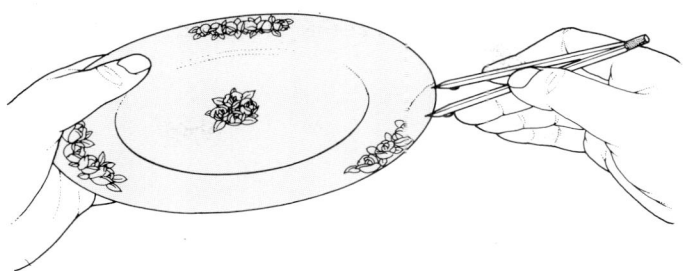

Wenn ein Muster sich z. B. um den Rand eines Tellers wiederholt, können Sie mit einem Greifzirkel die Abstände abmessen.

Grundschicht beschädigen. In dem Fall lassen Sie das Teil trocknen, schmirgeln Sie es ab und tragen Sie neue Grundschichten auf. Wenn Sie aber z. B. eine dünne Linie zu dick aufgetragen haben, nehmen Sie einen sauberen Pinsel, der kaum mit Verdünner benetzt ist, und führen Sie ihn am Rand dieser Linie entlang. Die Linie wird dadurch schmaler und sauberer, ohne daß Sie die Farbe darunter beschädigen. Machen Sie das so schnell wie möglich, bevor die Farbe trocknet. Zum Schluß überziehen Sie Ihre ganze Arbeit mit einer letzten Schicht Klarlack.

Wenn die Dekoration zu auffällig hervorsticht, nachdem Sie die letzte Schicht Klarlack aufgetragen haben und diese getrocknet ist, schmirgeln Sie die Oberfläche mit Ihrem feinsten Schmirgelpapier ab und überziehen Sie sie mit neuem Klarlack. Dieser Vorgang kann, wenn nötig, wiederholt werden.

Tips zum Bemalen

Komplizierte Verzierungen können Sie mit einem harten Bleistift vor dem Bemalen dünn aufzeichnen.

Für eine **matte Oberfläche** geben Sie zu dem Lack etwas Talkumpuder hinzu. Je mehr sie hinzufügen, desto weniger glänzend wird die Oberfläche sein.

Craquelé kann durch sehr dünne Pinselstriche wirkungsvoll imitiert werden (oft durch reine Umbra und einen Hauch Weiß, passend verdünnt).

Benutzen Sie für Blau bei **blauer und weißer Keramik** Ultramarin und Indigo, *niemals* Astralblau.

Fleischfarbe ist halbtransparent; sie setzt sich aus Lack, Weiß und Verdünner plus etwas Ockergelb und Kadmiumrot zusammen. Weist diese halbtransparente Farbe einen hauch Transparenz auf, benutzen Sie dieselbe Zusammensetzung ohne Weiß.

Projekt 8: *Ein Worcester-Krug*

Bemalen und Vergolden für Fortgeschrittene

Dieses ist unser bisher schwierigstes Projekt. Dieser Worcester-Krug ist stark beschädigt. Es fehlen viele Teile, zudem hat er flache bemalte Stellen mit wenig Dekoration. Je weniger Oberflächendekoration ein Stück hat, desto schwieriger wird es, eine unsichtbare Reparatur durchzuführen.

Wie beim letzten Projekt brauchen Sie auch zur Reparatur des Kruges keine neuen Techniken. Zuerst muß die alte Reparatur zerlegt werden, dann müssen Sie die Teile reinigen und neu zusammenkleben. Dem Krug fehlen große Flächen, sowohl am Fuß als auch am Ausguß. Die Aufgaben sind komplexer als vorher, doch bauen Sie auf den Techniken auf, die Sie bei den bisherigen Projekten gelernt haben. Wie immer müssen die Klebstellen ausgefüllt und abgeschmirgelt werden, so daß sie mit dem unbeschädigten Porzellan auf einer Höhe sind.

Der Kauf einer Spritzpistole

Obwohl Sie auch durch Handmalerei eine akzeptable Oberfläche erreichen können, ist die Anwendung einer Spritzpistole die einzig wirksame Methode, Teile mit einem einfachen Hintergrund oder mit einer hellen Tönung nicht sichtbar zu restaurieren.

Eine Spritzpistole ist so groß wie ein Kugelschreiber und hinterläßt keine Pinselstriche, deshalb ist sie für einfache Oberflächen ideal. Es geht auch schneller, als wenn sie den Hintergrund mit der Hand malen. Die Arbeitsgänge, um die Bruchstellen zu verdecken und die Hintergrundfarbe aufzutragen, sind die gleichen wie bei der Handmalerei, und die Farbe wird auf die gleiche Weise mit Lack überzogen.

Spritzpistolen von guter Qualität sind, ebenso wie Kompressoren, teuer (billige Spritzpistolen erzielen kein gutes Resultat). Sie können beim Künstlerbedarf Preßluftflaschen kaufen, aber sie halten nicht sehr lange. Die Arbeit mit einer Spritzpistole erfordert viel Erfahrung, wenn man gute Ergebnisse erzielen will, und die Pistole muß nach *jedem* Gebrauch sehr gründlich gereinigt werden. Auch ist es nicht ganz einfach, sie mit Porzellanfarben anzuwenden. Überlegen Sie es sich deshalb gut, ob Sie sich eine Spritzpistole kaufen wollen; wenn Sie nur ein oder zwei Porzellanstücke restaurieren müssen, lohnt sich die Investition nicht.

Zum Schluß müssen Sie an dem Krug die fehlende Vergoldung ersetzen.

Der Ausguß ist rekonstruiert, aber noch nicht gefüllt; achten Sie auch auf das fehlende Teil am Sockel. Die Qualität der endgültigen Oberfläche hängt vom Kleben und Füllen ab

Vorbereitung

Zuerst muß die alte Reparatur in Wasser und/oder Farbentferner (s. S. 22/23) gelöst und gründlich gereinigt werden. Wenn alle Teile getrocknet sind, kleben Sie den Krug mit langsam härtendem Epoxydharzkleber wieder neu zusammen, ein Teil nach dem anderen. Warten Sie, bis der Klebstoff trocken ist.

Setzen Sie die fehlenden Teile am Ausguß ein, und benutzen Sie dazu Epoxydharzfüllmasse, wie auf S. 28—35 beschrieben. Stützen Sie die Füllmasse mit plastischer Modelliermasse und Tesafilm, wenn Sie sie einfüllen. Wie vorher füllen Sie die Splitter auch hier lieber mit weniger als mit mehr Füllmasse und fügen Sie eventuell mehr hinzu. Das erspart Ihnen viel mühseliges Abschmirgeln. Stützen Sie den Krug in einer Kiste mit Sand, während die eingesetzten Teile trocknen. Schmirgeln Sie sie ab, wie auf S. 34/35 beschrieben, und achten Sie darauf, daß Sie das Originalporzellan nicht beschädigen.

Die Reparatur des Kannenfußes

Es lohnt sich, eine Gußform herzustellen, wenn man eine große fehlende Fläche am Fuß der Kanne ersetzen muß (s. S. 44—47). Stellen Sie eine Latexgußform von der Oberfläche eines unbeschä-

Eine große fehlende Fläche können Sie entweder selbständig modellieren oder im Latexguß herstellen. Seien Sie vorsichtig mit Schmirgeln neben Vergoldungen — Gold ist empfindlich.

Das Füllen einer großen fehlenden Stelle

1 *Vom unbeschädigten Teil Latexgußform herstellen.*

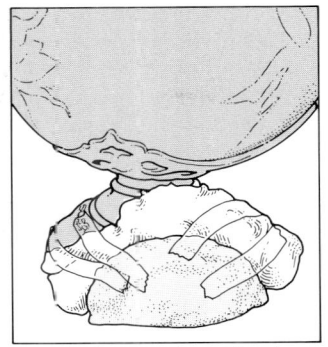

2 *Bedecken Sie die fehlende Stelle mit der Gußform.*

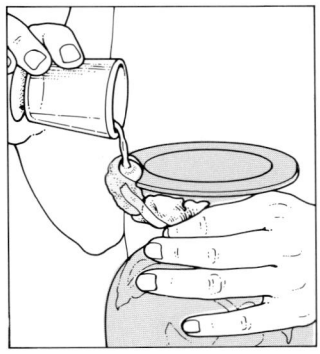

3 *Kanne umdrehen und Epoxydharz hineingießen.*

4 *Entfernen Sie den Abdruck, wenn das Harz getrocknet ist.*

digten Teils des Sockels her; die Gußform sollte etwas größer sein als die zu ersetzende Fläche. Wenn sie getrocknet ist, stülpen Sie sie auf die fehlende Fläche. Sichern Sie die Form gut mit Tesafilm und mit plastischer Modelliermasse, drehen Sie den Krug um und füllen Sie vorsichtig flüssige Füllmasse in die Gußform. Passen Sie auf, daß Sie die Latex-Gußform nicht verschieben. Lassen Sie die Füllmasse trocknen und entfernen Sie die Gußform. Die ersetzte Fläche sollte jetzt die richtige Form haben.

Bevor Sie mit dem Bemalen beginnen, sollten (wie bei Projekt 7) alle gefüllten und fehlenden Teile perfekt mit dem Porzellan übereinstimmen, und die Klebstellen und Splitter müssen unwahrnehmbar gefüllt sein. Besser noch als mit dem bloßen Auge können Sie mit der Fingerspitze feststellen, ob es Unebenheiten zwischen Füllmasse und Porzellan gibt.

Bemalen

In vielen Fällen erreichen Sie mit Handbemalung eine sehr schöne Oberfläche, und Sie können auch bei diesem Krug ein ansehnliches Ergebnis erzielen, wenn Sie ihn wie den Adler bemalen (s. S. 56−59). Bei dem Adler wurden durch dickere und dunklere Transparentfarben Diskrepanzen in der Hintergrundfarbe verdeckt.

Am schwierigsten ist es, einen einfachen weißen Teller ohne Dekoration zu bemalen. Wie gut Sie die Übergänge auch angleichen und die Farbe anpassen − die Reparatur und das Original werden kaum perfekt ineinander übergehen, und wahrscheinlich werden Sie das Porzellan zum Schluß deshalb immer wieder überstreichen. Im allgemeinen ist es besser, wenn Sie solch ein Teil nicht bemalen, sondern es so zusammenkleben, daß nur eine haarfeine Klebstelle zurückbleibt (wie bei Projekt 2 und 3 auf S. 20−27), und dann alle kleinen Splitter und Löcher mit farbiger Füllmasse füllen (s. Projekt 4, S. 28−35).

Der Worcester-Krug hat nur auf der Innenseite der Spitze und auf dem Fuß einen einfachen Hintergrund. Trotzdem sind alle Farben auf dem Krug helle Töne, die den Restaurator vor ähnliche Probleme stellen. Die Spritzpistole ist die einzige wirksame Methode, an solchen Teilen eine unsichtbare Reparatur durchzuführen.

Die Anwendung einer Spritzpistole ist eine komplizierte Kunst, aber wenn Sie es gerne probieren möchten, so gibt es viele Bücher, die ausführlichere Informationen geben, als wir es hier können.

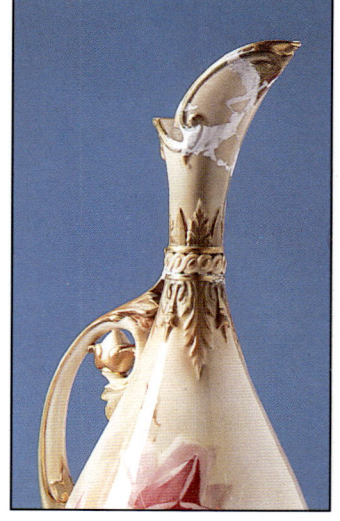

Das Spritzen des Kruges

Eine Spritzpistole hinterläßt keine Pinselstriche und kann daher das Problem einfacher Oberflächen lösen. Es geht auch schneller, als wenn Sie den Hintergrund mit der Hand malen.

Die weiteren Arbeitsgänge (das Verdecken der Brüche und das Auftragen der Hintergrundfarbe mit der Spritzpistole) sehen genauso aus, als würden Sie den Krug mit der Hand bemalen, folgen Sie deshalb den Anweisungen auf S. 50/51 und 56/57. Sprühen Sie mit kleinen kreisenden Bewegungen eine weiße Grundlagenschicht auf die geglättete Oberfläche und führen Sie die Pistole dabei die Bruchstellen entlang. Wie immer müssen Sie zwischen die Farbschichten Lackschichten sprühen.

Seien Sie beim Abschmirgeln zwischen den einzelnen Schichten besonders vorsichtig, wenn Sie eine Spritzpistole benutzen. Die Farb- und Lackschichten sind so fein, daß sie leicht beschädigt werden.

Sie gleichen die Farbe dem Hintergrund am besten an, indem Sie sie an den Rändern leicht »verschmieren« (s. S. 36/37). Achten Sie darauf, daß Sie diese Technik gut beherrschen, bevor Sie einen Teil spritzen.

Beim Spritzen besteht die Gefahr, daß Sie das unbeschädigte Porzellan stark übersprühen. Es hilft, wenn Sie die angrenzende Fläche mit Klebeband abdecken.

Überziehen Sie jede Schicht der Hintergrundfarbe mit einer Lackschicht, und tragen Sie auch auf die letzte Schicht – wie beim Bemalen – eine Lackschicht auf.

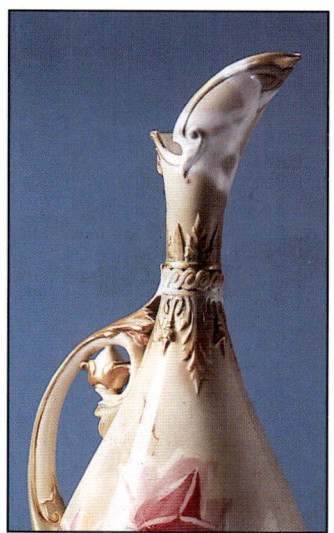

Nach der Rekonstruktion (ganz links) füllen Sie die fehlenden Stellen mit Epoxydharzkitt aus (Mitte), wobei Sie die erhöhte Verzierung sorgfältig modellieren. Bearbeiten Sie die Oberfläche mit feiner Oberflächenfüllmasse, und malen oder spritzen Sie mit einer Spritzpistole die erste Grundlagenschicht auf. Sprühen Sie nicht zuviel Farbe daneben.

Die Arbeit mit der Spritzpistole

Kurz gesagt: eine Spritzpistole wird mit komprimierter Luft gefüllt, die, wenn Sie mit Farbe vermischt wird, einen feinen Farbstrahl durch die vordere Düse sprüht. Die Farbe wird in einem Farbbecher auf dem Instrument gemischt. Die Breite des Strahls kann fein eingestellt werden.

Der Kompressor sollte wenigstens 1,7 bar liefern, besser noch 2,7 bar. Bevor Sie die Farbe aufsprühen, sprühen Sie etwas Verdünner durch die Pistole, um sie zu reinigen und zu überprüfen, ob die Düse nicht verstopft ist. Bauen Sie die Düse sonst ab und reinigen Sie sie.

Wenn Sie gemahlene Pigmente verwenden, achten Sie darauf, daß sie gut im Lack und im Verdünner aufgelöst werden, bevor Sie sie in den Farbbehälter der Spritzpistole einfüllen. Sonst werden körnige Pigmentstückchen dazu führen, daß der Spray stottert und eventuell die Düse verstopft. Fügen Sie zu der Farbe deshalb mehr Verdünner hinzu, als Sie es beim Bemalen mit der Hand tun würden. Die Düsennadel ist bei jeder Spritzpistole anders. Doch haben alle Spritzpistolen eine lange Nadel, die, wenn sie mit Hilfe eines Hebels eingezogen wird, die Breite des Strahls kontrolliert.

Üben Sie mit einer weißen Farbmischung, dünne gerade Linien auf eine schwarze Kachel zu sprühen. Je näher die Spritzpistole an der zu besprühenden Oberfläche ist, desto feiner und korrekter sind die Linien. Doch dürfen Sie die Nadel oder den Rückzughebel nur um ein Bruchteil zurückziehen, sonst wird Ihre feine Linie zu einer Pfütze. Rühren Sie die Farbmischung in dem Behälter mehrfach um.

Wenn Ihre feinen Linien sprenkeln, dann ist vielleicht die Düse leicht verstopft, und Sie müssen sie reinigen oder in Verdünner eintauchen. Oder die Farbe ist zu dick und muß verdünnt werden (geben Sie einfach mehr Verdünner mit einer Pipette hinzu und rühren Sie ihn mit Ihrem Mischpinsel ein).

Wenn Sie sich im Sprühen von dünnen Linien etwas geübt haben, versuchen Sie, mit winzigen kreisenden Bewegungen dik-

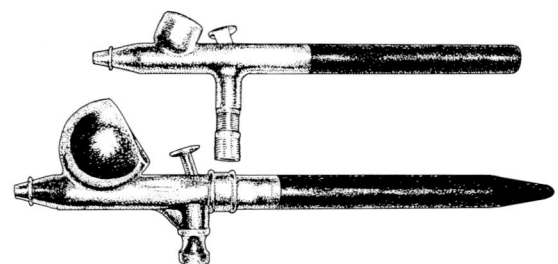

Spritzpistolen zum Restaurieren von Porzellan haben eine Düse, die zum Reinigen leicht abgebaut werden kann.

Die Spritzpistole

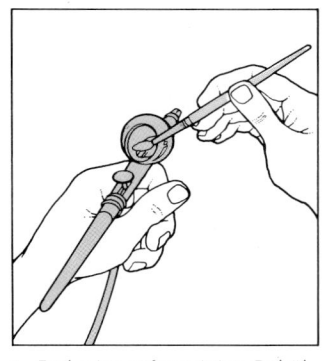

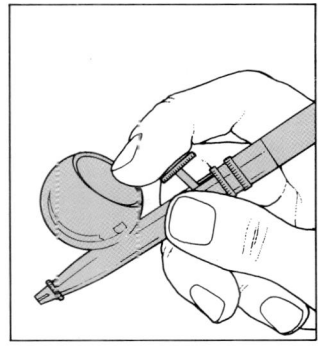

1 Farbe im aufgesetzten Behälter umrühren.

2 Ein Hebel kontrolliert die Breite des Strahls.

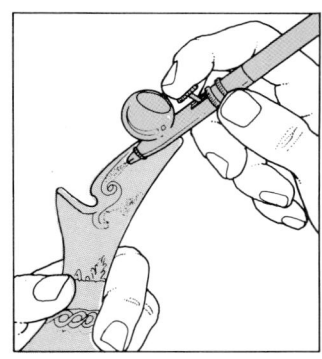

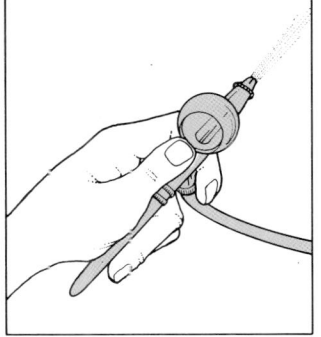

3 Pistole so nah wie möglich an das Teil halten.

4 Sprühen Sie danach sauberen Verdünner durch.

kere Linien zu sprühen, wobei ein Kreis den anderen überlappt, während Sie auf der Kachel hin- und hersprühen. Üben Sie als nächstes das »Verschmieren«, indem Sie die Pistole über die Kachel und dann nach oben ziehen. Mit dieser Technik können Sie Farbübergänge verwischen, oder Sie können verblaßte Farbtöne herstellen.

Gesprenkelte Effekte erzielen Sie, indem Sie die Nadel zurückziehen, den Druck reduzieren und/oder dickere Farbe verwenden. Mit einer guten Spritzpistole können Sie auch einige Verzierungen auftragen.

Wenn Sie eine Spritzpistole verwenden, müssen Sie zu Ihrer Sicherheit *immer* in einem gut belüfteten Raum arbeiten und eine Schutzmaske tragen.

Vergolden

Bringen Sie Golddekorationen immer ganz zum Schluß an, wenn das Teil bemalt und völlig getrocknet ist. Stark spiegelndes Gold kann nur schwer nachgebildet werden. Glücklicherweise findet man es nur auf modernem Porzellan. Antikes Gold ist stumpfer, obwohl auch Blattgold von bester Qualität nicht alle Oberflächen perfekt nachbilden kann.

Beim Künstlerbedarf findet man häufig **fertige Gold- und Silber-präparate**. Sie sind einfach zu handhaben, und es lohnt sich, so viele Töne wie möglich zu kaufen, weil man auf Porzellan häufig Golddekorationen findet. Wenn Sie das Gold aufgetragen haben, polieren Sie es mit einem weichen Tuch.

Mit fein gemahlenen **Bronzepulvern** erzielen Sie ein Gold mit einer etwas besseren Oberfläche als durch fertig gemischte Farben, und sie sind vielseitiger verwendbar. Kaufen Sie auch hier so viele Töne wie möglich. Vermischen Sie sie in trockenem Zustand, und wenn Sie den gewünschten Ton erreicht haben, fügen Sie ein paar Tropfen Lack hinzu (zu viel Lack bewirkt eine mattere Oberfläche), um die Pulver zu verbinden, und eventuell etwas Verdünner. Tragen Sie die Mischung mit einem Pinsel auf. Überziehen Sie die Oberfläche nicht mit einer Lackschicht, da Lack den Glanz matt macht; polieren Sie sie nur mit einem weichen Tuch. Natürlich können Sie zu dieser Mischung auch Pigmente und Farben hinzufügen.

Für große Flächen von glänzendem Gold erzielt **Blattgold** die besten Resultate. Blattgold ist schwierig aufzutragen, und manchmal ist das Ergebnis enttäuschend. Es ist teuer, da es in Heften mit

Sie tragen Bronzepulver auf eine Fläche wie diesen Sockel auf, indem Sie es auf eine klebrige Lackschicht sprenkeln. Wenn der Lack getrocknet ist, spülen Sie das Teil – das »Gold« bleibt an der Lackschicht haften. Polieren Sie die Fläche, wenn sie trocken ist.

Das Auftragen von Blattgold

1 Mit Skalpell ein Quadrat Blattgold ausschneiden.

2 Blatt auf zu bearbeitende Stelle übertragen.

3 Rückenverstärkung leicht mit den Fingern abreiben.

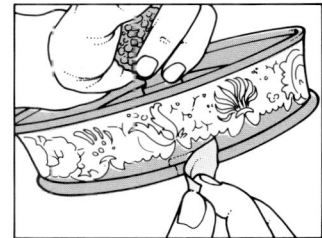

4 Papier ablösen, Fläche polieren, wenn trocken.

25 Blättern verkauft wird. Billigere Blattgoldimitationen sind manchmal genauso gut. Es gibt verschiedene Töne, und wenn Sie es versuchen wollen, sollten Sie das Stück Porzellan mitnehmen (nicht jeder Künstlerbedarf führt Blattgold) und den ähnlichsten Ton suchen. Zum Restaurieren von Porzellan ist *Blattgold zum Abziehen* am besten.

Das Auftragen von Blattgold ist oben illustriert. Tragen Sie eine dünne Lackschicht mit etwas gelbem Pigment oder mit Farbe auf die zu vergoldende Fläche auf. Warten Sie, bis der Lack klebrig ist (15−20 Minuten), bevor Sie das Blattgold auftragen.

Wenn der Lack getrocknet ist, polieren Sie ihn mit einem Polierstab aus Achat oder mit einem harten, glatten, gerundeten Edelstein (z. B. mit einem Ring). Sie brauchen vielleicht mehr als eine Schicht Blattgold.

Eine **Glanzoberfläche** hat gewöhnlich eine Kupferbasis. Pigmente und Farben können hinzugefügt werden, um verschiedene glänzende Töne und Effekte zu erzielen. Viele Glanzeffekte bestehen hauptsächlich aus Pigmenten mit nur ganz wenig Kupfer. Leider ist es jedoch nicht immer möglich, alle diese Effekte zu erzielen.

Projekt 9: *Keramikkacheln*

In diesem Kapitel werden die Techniken zur Reparatur alter Keramikkacheln vorgestellt. Sie lassen sich auch auf Steingut anwenden, auf Töpferware, Ton und Gipsfiguren.

Reinigen und Kleben

Seien Sie beim Reinigen von Steingut vorsichtiger als gewöhnlich. Unlackierte Keramik bröckelt und blättert leicht ab, wenn Sie sie mit einem Skalpell oder auch nur mit mitteldickem Schmirgelpapier bearbeiten. Auch kann das Material so porös sein, daß es wie ein Schwamm Wasser aufsaugt. Es trocknet dann zwar wieder, doch wenn die Bruchkante sehr schmutzig ist, kann das Wasser den Schmutz unter den Lack tragen und so einen Fleck hinterlassen. Benutzen Sie deshalb niemals die Wasserstoffperoxydmethode (S. 18/19) zum Fleckentfernen. Auch empfiehlt es sich nicht, das Teil lange in Wasserenthärter und biologischem Reinigungsmittel einzuweichen. Viele Steingutarbeiten können mit Seifenwasser gereinigt werden, doch wenn Sie Zweifel haben, entfernen Sie das Fett und versuchen Sie, die Flecken mit verschiedenen Lösungsmitteln wie Aceton zu entfernen. Probieren Sie es erst an einem kleinen Stück aus.

Steingut ist so porös, daß Epoxydharzkleber nicht sehr wirkungsvoll ist; die Keramik saugt den Klebstoff auf. Benutzen Sie statt dessen (gelben) PVA-Kleber, der gewöhnlich zum Holzkleben verkauft wird.

Sie werden bei Steingut keine so haarfeine Klebestelle erreichen wie bei Porzellan, denn es bröckelt leicht, und wahrscheinlich sind schon bei der ursprünglichen Beschädigung Splitter und Brocken abgebrochen. Nachdem Sie einen Teil geklebt haben, sollten Sie die fehlerhaften Klebstellen ausfüllen.

Das Füllen von Steingut

Die glatte, harte, porzellanähnliche Oberfläche der Epoxydharzfüllmasse eignet sich nicht für unglasiertes Steingut, das beim Abschmirgeln leicht beschädigt wird. Auch hat es eine ganz andere Konsistenz. Sie sollten eine Füllmasse verwenden, die weicher ist, wenn sie trocknet, und die eine matte, rauhere Oberfläche erzeugt – ideal ist die Füllmasse, die zum Füllen von kleinen Brüchen und Löchern in Wänden verkauft wird. Brauchen Sie farbige Füllmasse, so können Sie auch trockene Künstlerpigmente einmischen; das sieht auf Töpferware oft sehr wirkungsvoll aus.

Diese typisch viktorianischen Kacheln sind aus weicher, poröser Keramik mit glasierter Oberfläche.

Das Füllen von Kacheln

Obwohl Kacheln ein weiches Material sind, haben sie auf der Oberfläche eine harte Glasur. Deshalb eignet sich Epoxydharzfüllmasse gut zum Füllen. Füllen Sie die Kachel und schmirgeln Sie sie ab, wie auf S. 30–35 beschrieben. Um eine fehlende Ecke abzustützen, basteln Sie am besten eine Wand aus Legosteinen oder nehmen eine plastische Modelliermasse u. ä.

Für den Fall, daß die Füllmasse ausläuft, legen Sie die Kachel auf ein Stück Pappe. Schmieren Sie auf und unter Stütze und Kachel Vaseline als Trennmittel, wenn die flüssige Füllmasse getrocknet ist. Um das Auslaufen zu begrenzen, können Sie entweder Gewichte auf die Wand legen oder sie mit plastischem Modellierlehm abdichten. Füllen Sie lieber zu wenig als zu viel Füllmasse ein. Trocken ist Füllmasse sehr hart, und es ist sehr zeitaufwendig, sie abzuschmirgeln. Wenn die Füllmasse getrocknet ist, entfernen Sie die Stütze, füllen Sie die Stelle weiter aus und schmirgeln Sie sie ab, wie auf S. 34/35 beschrieben.

Bemalen der Kachel

Bemalen Sie die Kachel, wie auf S. 56–59 beschrieben. Tragen Sie zuerst mehrere weiße Grundschichten und dann die Hintergrundfarbe auf. Überziehen Sie jede Farb- mit einer Lackschicht, und schmirgeln Sie alle Schichten außer der letzten leicht ab. Tragen Sie die Dekoration mit der Hand auf. Nehmen Sie entweder eine Mischung aus Grundpigmenten und Lack oder fertige Farben, und überziehen Sie sie mit einer Lackschicht.

Das Ausfüllen einer Ecke

1 *Bauen Sie eine Wand aus Legosteinen.*

2 *Epoxydharz in die Ecke gießen und trocknen lassen.*

Das Abschmirgeln von Kacheln ist oft einfacher, weil die Oberfläche – anders als bei Vasen, Figuren usw. – glatt ist. Für eine Restaurierung werden die Grundschichten, die Hintergrundfarbe und die Dekoration so wie bei Porzellan aufgetragen.

Einfache Brüche

Diese Kachel ist in der Mitte durchgebrochen. Wie wir gesehen haben, ist Epoxydharz für Steingut nicht geeignet, deshalb verwenden wir hier PVA-Kleber (Holzkleber). Stellen Sie zuerst eine dünne PVA-Lösung her, indem Sie etwas Wasser hinzufügen, und tragen Sie sie dann mit einem alten, sauberen Pinsel auf beide Seiten des Bruches auf. Die Lösung wird sofort aufgesaugt, doch bildet Sie eine Trennschicht, so daß unverdünnter PVA-Kleber jetzt wirken kann (tragen Sie ihn auf *beiden* Seiten der Bruchstelle auf).

Durchsichtiger Tesafilm hält auf unlackierten Oberflächen nicht gut. Legen Sie die beiden Hälften deshalb auf einer sehr geraden Fläche aneinander, während der Klebstoff trocknet (ca. 24 Stun-

Kleben Sie Kacheln mit Holzkleber und stützen Sie die Klebstelle mit zwei schweren Büchern, bis der Kleber getrocknet ist.

Eine Teilrestaurierung kann zu guten Ergebnissen führen. Malen Sie die Dekoration direkt auf die gefärbte Füllmasse.

Steingut kann unglasiert, zum Teil glasiert oder ganz glasiert sein. Obwohl die Methoden zum Restaurieren dieselben sind wie bei Steinzeug, muß man anderes Material verwenden.

den). Wenn eine Seite der Klebstelle etwas höher liegt als die andere, erhöhen Sie die niedrigere Hälfte mit etwas plastischer Modelliermasse. Passen Sie die Teile auf diese Weise an, bis sie auf einer Höhe liegen. Sie sollten jetzt ein Gewicht auf jede Seite der Kachel legen – schwere Bücher sind ideale Stützen. Stützen Sie zerbrochene Kachel nicht mit einem Druckverband; die Nahtstelle wird dadurch ungleichmäßig.

Bemalen der Kachel

Wie wir gesehen haben, ist der schwierigste Teil beim Bemalen eines Teils das Anpassen der Farbe an die Hintergrundfarbe. Wenn Sie wollen, können Sie diesen Arbeitsgang auslassen und nur die Dekoration aufmalen, wenn Sie ein Teil geklebt und gefüllt haben. Sie können ordentliche und schnelle Ergebnisse erzielen.

Machen Sie den Bruch so unsichtbar wie möglich, indem Sie ihn mit weißer Epoxydharzfüllmasse füllen (s. S. 30/31), schmirgeln Sie ihn ab und verdecken Sie ihn durch die aufgemalte Dekoration. Wenn Sie Ihre Kacheln für einen Kamin brauchen, eignet sich diese Methode besonders gut, denn Farbe kann unter dem Einfluß von Hitze unansehnlicher werden, und die Hintergrundfarbe kann viel schneller gelb werden als die Dekoration.

Wenn sie unglasierte Keramik bemalen, verwenden Sie besser Pulverpigmente an Stelle von fertig gekauften Emaillefarben. Nehmen Sie nur sehr wenig Lack und, wenn nötig, etwas, um einen matten Effekt zu erzielen (s. S. 9).

Eine Warnung: verwenden Sie Emaille zum Brennen nicht zusammen mit PVA-Kleber.

Bildnachweis

Der Verlag dankt folgenden Personen und Organisationen für die Mitarbeit bei der Produktion dieses Buches. Jeder, den wie vergessen haben, möge uns verzeihen.
Fotos: Jon Bouchier 1, 6, 7, 8, 10, 11, 13, 16, 17, 20, 24, 27, 28, 33, 40, 44, 46, 48, 49, 50, 56, 58, 60, 62, 64, 65, 68, 70, 73, 74; The Bridgeman Art Library 38; Michael Holford 36, 41, 42; Elizabeth Whiting and Associates (Fotografin Ann Kelley) 4, 75.
Die Reparaturen auf Seite 16, 17, 20, 24, 27, 28, 33, 44, 46, 48, 49, 50, 56, 58, 60, 62, 64, 65, 68, 70, 74 wurden von Jeff Oliver durchgeführt.
Illustrationen: Hussein Hussein 74, Aziz Khan 30, 43; Coral Mula 14, 18, 33, 34, 35, 39, 47, 51, 59, 63, 69; Stuart Perry 22, 67, 72; Rob Shone 27, 55, 68.